달팽이 집

손경호 수필집

초판 발행 2020년 10월 1일
지은이 손경호
펴낸이 안창현 **펴낸곳** 코드미디어
북 디자인 Micky Ahn **교정 교열** 최기주

등록 2001년 3월 7일
등록번호 제 25100-2001-5호
주소 서울시 은평구 갈현로 318-1 1층
전화 02-6326-1402 **팩스** 02-388-1302
전자우편 codmedia@codmedia.com

ISBN 979-11-89690-38-0 03810

정가 15,000원

이 책의 판권은 지은이와 코드미디어에 있습니다.
잘못 만들어진 책은 교환해드립니다.

이 책은 용인시문학창작지원금을 지원받아 발간되었습니다.

달팽이 집 | 손경호 수필집

손경호   **작가의 말**

수필다운 수필 한 편을 써보는 것이 소원입니다. 그러나 나의 이 소원을 이뤄내기는 어려울 것 같습니다. 산을 보고 강이나 바다라 말하고, 바다를 보고도 산이라 할 수 있어야 가능한 일인가 봅니다. 아무리 바라보아도 산은 그저 산일 뿐이지 강이나 바다로는 안 보입니다. 형상만 볼 뿐 본질을 못 보니 그럴 수밖에 없겠지요. 이루지 못할 꿈을 바라만 보며 산다는 것은 끔찍한 일이기도 합니다.

꿈이 용기가 되어 잠을 설칠 때는 분연히 붓의 살바늘 집고 용을 써 봅니다. 나의 이 일은 기나긴 퇴고推敲의 여정이기도 합니다. 다 된 글이다 싶어도 다시 들여다보면 글 같은 글이 아닙니다. 장고長考 끝에 마침표를 찍었다가도 돌아서면 불만이고, 자고 나면 또 다른 생각이 납니다. 이러다가 한 줄을 평생 붙들고 앉아 끝을 못 볼까 조바심이 날 때가 많습니다.

아무리 못생긴 자식이라도 아비는 제 아이를 누구보다 더 아낍니다. 내팽개쳐 뒀던 그 분신들을 모아 책으로 엮었습니다. 보잘 것은 없어도 세상에 나왔던 흔적으로는 남기고 싶었습니다. 소원을 향한 조바심의 발로인가 봅니다. 아득하게만 보이던 생애 여덟 번째 고개에 이르러 이거라도 남길 수 있도록 힘을 주신 분들께 깊은 감사의 마음을 드립니다.

손경호

Contents

작가의 말 _4

작품해설 _192
삶의 철학이 내제되어진 깊은 통찰의 수필 | 지연희

1

달팽이 집

까치 _14

봄이 미운 까닭 _18

견공犬公의 팔자八字 _21

디지털 피서 _25

연옥煉獄의 죄 _29

달팽이 _32

부자富者 꿈 _36

진주 반지 _39

군자란君子蘭 _42

실수 _45

콜로라도의 추석날 _49

2

하인의 영웅

사과와 용서 _54

히데요시秀吉와 히데이에秀家의 죄 _58

유월절逾越節 _61

노병은 죽지 않았다 _64

살구나무 _67

하인의 영웅 _70

약탈과 환원 _73

영욕榮辱 _76

전쟁 본능 _79

난세 영웅 출亂世 英雄 出 _83

Contents

3

반성

스승 _88

강보襁褓의 과학 _92

담장 _95

외발 비둘기 _98

백발白髮의 변辨 _101

고백 _104

동기 연지同氣 連枝 _108

나무들의 세상 _111

코스모스 예찬 _115

왕의 계절 _118

작별 _121

4

선비와 도끼

승자, 그리고 패자 _126

과대 포장 _130

보리암菩提庵 _134

선비와 도끼 _137

병사와 명예 _141

악법惡法 _144

두샨베Dushanbe 수수께끼 _147

뿌리 _151

유감 _154

Contents

5

임금님의 겸손

어떤 여인 _160

담배 _163

술의 전성 _166

구두가 웃는다 _169

임금님의 겸손 _172

콜럼버스의 고독孤獨 _175

킹 목사의 꿈 _179

베블런Veblon 함정 _182

영혼을 다이어트하다 _186

아니 해도 될 일을 한 건 손해인데, 손익을 덮고 보면 달팽이를 잊을 수가 없다. 제집을 아예 업고 다니는 고놈에게서 악다구니 세상을 버티는 슬기를 배웠다. 놈이 아니었으면 불귀의 집 미아가 되었을지도 모른다. 길바닥에 이리저리 나뒹굴던 겨울 낙엽이 가까스로 멈춘 곳, 달팽이 집을 넘어서지 못했다.

-「달팽이」중에서

1부
달팽이 집

까치

"꺅꺅! 꺅꺅꺅…!" 아침 까치의 극성에 늦잠이 깼다. 무거운 동절기 늦잠 버릇을 버리라고 다그치는 까치들의 성화다. 서로 이웃하며 수다를 떨던 까치 가족들이 첫눈 때 집을 비우더니 이제 돌아왔나 보다. 얼른 창문을 열어젖히고 연인처럼 반겨주었다. 한 쌍의 까치가 창 밑 나뭇가지에 앉았다가 후드득 날아오르더니 마른 풀밭에 내려앉아 깡충깡충 아침 운동을 하잔다. 집 앞 빈터에는 심산에서 옮겨 온 적송들이 장승처럼 둘러서 있고, 그 아랫자락에 넉넉한 풀밭이 조성되어있다. 높은 두 솔 꼭대기에 까치들이 집을 지어놓고 분주하게 나들이를 하였다. 고대광실 저택에 널찍한 정원을 둔 그들을 부러워했는데, 겨울 별장에라도 갔다가 봄을 물고 다시 찾아온 모양이다.

어릴 적, 고향마을 실개천의 백양나무 꼭대기에도 까치집이 여럿 있었다. 알을 까 새끼 키우는 걸 눈여겨 보아온 철부지들이 까치 알을 훔치기로 모의했다. 주동하던 아이가 나무에 오르기를 자청하고 살금살금 까치집에 근접하자 놀란 까치들이 떼로 짖어대며 경고 비행으로 침입자를 위협하였다. 종횡으로 나는 근접 위협에 이어 격렬하게 덤벼들어 아이의 머리를 쪼기에 이르렀다. 알을 훔쳐 먹으려는 구렁이가 까치에 쪼여 죽는 일도 있다는데, 목숨 건 공격에 생명까지 내놓을 만용은 없는 아이였다. 오목눈이 둥지에 몰래 알을 낳고도 나 몰라라 시치미를 떼는 뻐꾸기의 뻔뻔함과는 아주 다른 까치였다. 미수에 그친 그 일로, 아이는 까치집 도둑 누명을 쓴 채 오래도록 놀림을 받아야 했다.

 철부지 때의 미안함 때문인지, 까치를 무척 좋아하게 되었다. 개미가 홍수의 급류에 떠내려가고 있을 때, 나무 위의 까치가 나뭇잎을 떨어뜨려 개미를 구해 주고, 뒷날 개미는 까치를 겨누는 포수의 발등을 깨물어 위기를 막는 보은을 하였다. 아마 이 동화가 까치를 좋아하게 만들었을지도 모른다. 까마귀와 까치는 같은 참새 목目에 속하는 이웃이기에 '까막까치'를 아울러 사람과 친숙하고 착한 새로 친다. 은하수에 가로막힌 견우와 직녀의 사랑을 돌다리로 이어주는 선행을 함께하지만, 머리가 벗어지도록 돌을 날랐던 까치에 더 후한 점수를 주려 한다. 까마귀의 지능이 도구를 사용할 만큼 깜찍하여 다섯 살 아이와 견주며 칭찬을 하지만 까치도 별반 뒤지지 않을 거라는 믿음을 가지고 있다.

 까마귀와 까치를 두고 흉조네 길조네 하는 말을 하기도 하는데, 어느 쪽이 길조이고 어느 쪽이 흉조인지는 아리송하다. 고분 벽화에 등장하는 삼족오三足烏는 태양 속에 살면서 용을 잡아먹는다는 신비의 새다. 고려말, 조선 건국에 이바지한 이직李稷을 보고 변절자라고 몰아붙이자,

그는 까마귀를 데려와 비난에 대적했다. "까마귀 검다 하고 백로야 웃지 마라/ 겉이 검은들 속조차 검을 소냐/ 겉 희고 속 검은 이 너뿐인가 하노라." 시꺼먼 외모가 때 묻은 것 같지만 속은 백설 같이 순결하다는 격찬이다. 그렇다 해도 벽사화의 호작도에는 범이 액운을 막고, 까치는 기쁜 소식을 물어오는 새로, 까치는 호랑이와 쌍벽을 이루는 길조다. 까마귀를 높이 인정한다 해도 둘을 놓고 보면 까마귀를 까치 위에 두지는 않으련다.

"자주 만나 자세히 보아야 정이 난다."했다. 까마귀는 가끔 나타나기는 해도 높은 나무 꼭대기에만 앉아 있다가 마지막 까치밥을 따먹고도 불만인 듯, 까악! 외마디만 남기고 후딱 가버린다. 겨울 하늘을 덮으며 떼 까마귀로 몰려와 들판을 휩쓸 때도 보리 싹만 파먹고 나 몰라라 인정머리도 없다. 늘 근처에서 맴도는 까치는 이웃사촌 정분이 있다. 겉보기 모양에서도 검정 싱글의 까마귀가 날렵하기는 하지만 흑백 콤비에 여인의 가슴을 연상케 하는 봉긋한 볼륨의 까치 몸매와는 비교가 안 된다. 시인 윤동주는 늘 걷던 길이어도 민들레가 피고 까치가 날면 서툴고 낯선「새로운 길」이였다고 노래했다. 까치가 새 소식을 물어오는 길조여서 그리 말했을 것이다.

까치는 부자가 되거나 벼슬 등극의 비방을 아는 새다. 마른 나뭇가지로 얼기설기 지은 집이라도 비가 새지 않으며, 출입문도 액운이 있는 방향을 피하여 낸다. 까치집이 있는 나무 밑에 집을 지으면 부자가 된다는 속신(俗信)도 그냥 만든 헛말은 아니다. 이래저래 까치의 지혜가 까마귀에 뒤지지 않을 거라는 확신을 하게 되었다. 우연히 까치집을 이웃하게 된 운은 꽤 괜찮은 운일 것이다. 아직도 저만치의 높은 소나무가 여럿 비어있다. 새끼를 쳐서 집을 더 짓고 까치마을을 이룬다면, 객지에 온 소나무도 덜 쓸쓸해 할 것이다. 내일은 아침 까치와 까치마을 건설을 의논해봐야겠다.

봄이 미운 까닭

　　　　　　　이른 아침, 민들레꽃 하나가 때 이른 봄 인사를 한다. 뒷동산 올라가는 양지쪽 돌계단 틈새에서 보내는 새봄 향연의 서곡이다. 깃털 미아迷兒의 씨앗이 돌 틈에 박혀있다가 실뿌리를 내리고 매화의 길에서 잔설을 쓸어 내었다. 세한歲寒의 그림자가 아직 인데 개구리가 뒷다리로 미리 깨웠나 보다. 난생처음 세상이 멋쩍은 듯 새내기 얼굴이 샛노랗게 달아올랐다. 작달막한 꽃대 위의 여린 얼굴이 고단했던 회한을 쏟아내려는 듯 돌 모서리에 살짝 기대었다. 낯선 얼굴을 무시에 마주하니 여인의 안방을 훔친 듯 남정네는 적이 민망하다. 하도 대견하여 낯 대고 반겨주려는데, 산들바람에 정색하더니 이 경이로운 세상에 사람들은 왜 못 살겠다고 아우성이냐며 딴죽을 건다.

　한 계단 위의 쑥부쟁이가 "나도 예 있소."한다. 가시 장미 밑둥치를 따라 누워있는 쑥 뿌리 끄트머리가 뽀얀 새순을 달고 있다. 지난여름에 계단 구석을 온통 채우고 장군처럼 솟아오르던 그 쑥대의 무리가 본가

일 것이다. 비집을 틈이 없어 기웃거리다가 분가해 독립하라며 채여 나온 막내임이 분명하다. 땅속에 내리고 있어야 할 뿌리가 발가벗은 채 동장군과 겨룬 일합에서 승리의 깃발을 올리고 있는 참이다. 알몸을 거두어 모래 속에 밀어 넣어주려는데, 그까짓 겨울이 뭐 그리 춥다고 야단들이냐며 외려 퉁명스럽다. 봄의 초입에서 맞닥뜨린 힐난과 조롱이 민망해 꾸부정하게 자리를 뜨려 하지만, 발목에 모래주머니가 달린 듯 발 떼기기 무겁다. 민들레 힐난과 쑥부쟁이 조롱이 바짓가랑이를 끌어당기나 보다.

　동산의 능선 길은 반질반질 밟아 놓은 오솔길이다. 빽빽한 참나무 숲속의 길은 아직 이파리가 없어도 운치는 있다. 지난가을에 두어 놈의 다람쥐가 낙엽을 굴리던 길이다. 숲의 아랫자락을 공사장에 내어주고 지금은 고것들이 자취를 감춰버렸다. 다람쥐 없는 산책이 너무 쓸쓸하다 싶은데, 어디선가 깊은 산사에서나 있을 목탁 소리인 듯 들려온다. 딱따구리가 집을 짓는 소리다. 산책길이 훨씬 덜 쓸쓸해진다. 길바닥에 시선을 깔고 가는데, 느닷없이 두더지 터널이 불쑥 가로막는다. 지난한 야간의 지하 행군이었을 것이다. 땅속 벌레들의 진동을 따라 뒤지는 두더지의 먹이 사냥은 인기척이 없는 야밤에만 가능하다. 먹이를 내쫓는 사람의 발자국 소리가 두더지에게는 생존을 빼앗는 훼방이 됐을 것이다. 발걸음이 매우 무거워진다.

　딱따구리의 공사현장이 점점 가까워진다. 생나무를 부리로 쪼아내는 허공의 난공사다. 인내와 열정을 쏟아부어도 공사 기간은 꽤 오래 걸릴 것이다. 방해되지 않도록 살금살금 발자국 소리를 죽인다. 통나무집이 완공되면 비바람, 눈보라, 어떤 재난에도 끄떡없는 안전 주택이 될 것이다. 짝을 만나 알을 낳고 새끼를 치면 더없이 행복하겠지만, 딱따구리에게도 걱정은 있다. 가끔 집을 통째로 훔치려는 괴한 때문이다. 소쩍새란 놈과 하늘다람쥐나 원앙새가 그들이다. 요것들은 자기 집을 스스로 짓기보다 애써 지어놓은 딱따구리의 집을 훔쳐 사는데 능하다. 좋은 집은 짓기 힘드는 만큼이나 문단속에도 신경 써야 한다. 사람의 파렴치 병은 인수人獸 간에도 오가는가 보다. 봄의 진군을 맞이하는 발걸음이 꽤 더디다. 마구 쏟아내는 봄 숙제의 피로감 때문일 것이다.

  봄의 성정性情은 너무 서두는 게 탈이다. 향연의 서막인가 싶으면 본막의 질주는 이미 저 건너에 가 있고, 던지는 숙제의 보따리도 찰나에 산더미로 쌓인다. 인간이 영장이라지만 민들레나 쑥부쟁이보다 나약하고, 두더지보다 무례하며, 딱따구리와 같은 끈기와 열정도 부족이다. 꽃피우랴, 잎 피우랴, 부지런에 쫓기는 나무들도 뿌리의 물 펌프질로 턱밑에 숨이 차나 보다. 살가운 아침 햇살이 정감을 주지만 가시 장미를 재촉하는 걸 보면, 봄은 이미 떠날 채비를 하고 와있는지도 모른다. 숱한 과제만 던지고 나 몰라라 후딱 지나갈 거라면, 봄을 아름답다 하기보다는 얄밉다. 엘리엇이 봄의 4월을 잔인하다고 한 까닭을 짐작할 만하다. 봄이 곱기는 하여도 며느리의 발뒤꿈치를 하고 있나 보다.

견공犬公의 팔자八字

문득 "개 보름 쇠듯 한다."는 말이 떠올랐다. 정월 대보름날 텅 빈 집에서 '혼밥'을 하면서다. 농촌 고향의 옛날에는 대보름이 큰 명절이기는 해도 개에게는 고통의 금식일이었다. 소는 일하지만 개는 빈둥빈둥 논다는 이유에서다. 뒷산 달맞이에서 내려오면, 툇마루에 오곡밥과 나물을 정갈하게 담은 대소쿠리가 준비되어 있었다. 달이 뜬 다음 여물을 기다리는 외양간 소에게 특별히 주려는 전채前菜의 상이다. 종일 허기진 개가 널름거리며 소쿠리의 밥을 넘보지만 어림없었다. 소에 대한 배려는 좋으나 개에 대한 징벌은 너무 가혹했다. 소가 밥에 먼저 입을 대면 풍년, 나물에 먼저 대면 흉년이 든다는 속신俗信을 믿었다. 흉·풍년 점괘가 나오기까지 개에게 내려진 대보름날의 금식령은 늦가을 무서리 같았다.

이웃에는 먼 데서 이사 와 몇 뼘 안 되는 논뙈기의 천수답을 소작하며 어렵게 살아가는 집이 있었다. L 씨 성의 그 집 50대 가장은 늘 남의 집에 온 손님처럼 아무 일도 하지 않았다. 부지깽이도 나서야 하는 농번기에도 다른 가족들은 부지런히 품앗 일을 나가지만, 그이는 그늘에서 부채질만 하며 세월만 축내고 있었다. 사람들은 그 상팔자의 남자를 개 팔자를 타고 났다고 수군거렸다. 소는 땀 흘려 일하지만, 개는 밥만 먹고 하는 일 없이 빈둥거린다고 하여 빗댄 것이다. 하지만 뙤약볕 일꾼이 아니라 그늘 밑 한량이던 L 씨가 대보름날에 개처럼 굶지는 않았을 것이다.

"모든 개별적 존재는 단독자로서 다른 모든 것과는 본질의 차이를 내장하고 있다." 존재론을 얘기하는 철학자들이 말이다. 길가에 굴러다니는 하찮은 돌멩이도 빗물에 씻겨나가는 모래를 막아 주고, 땅속의 지렁이도 작물에 요긴한 미생물을 제공하면서 존재의 의미를 다 한다. 본질(역할) 차이가 곧 존재 차이이다. 소와 개의 차이도 본질의 차이일 뿐이다. 찾아오는 손님을 주인에게 알리거나, 야밤에 도둑 지키는 일을 해냄으로써 개는 개의 역할을 한다. 재난 현장에서 인명을 구조하는가 하면, 무한한 인내와 성실로 장애인의 눈과 손발이 되어주는 안내견 일도 한다. 개 편에서 보면 그냥 놀고 먹는 존재라고 보고 밥을 굶기는 것이 무척 억울할 것이다.

입헌군주제를 하는 나라의 임금은 하는 일이 별로 없다. 나랏일은 내각이 알아서 하도록 내버려 두고 국가를 상징하는 역할로만 존재한다. 그러면서도 왕실이 쓰는 재정의 규모는 엄청나다. 하는 일이 별반 없어도 먹는 밥은 엄청난 양이다. 꼭 하는 노력과 먹는 밥을 놓고 보면 왕실은 부도덕하기 짝이 없다. 그러나 아무리 허기진 백성이라 해도 임금에게는 충성 맹세를 한다. 존재의 가치 때문이다. 늘 노는 L 씨가 굶지 않아도 되었던 이유를 찾는다면, 그가 그 집의 가장이라는 상징의 일 때문일 것이다.

  늘 논다고 오해받던 개도 그 존재 가치는 세월의 길이에 따라 빠르게 넓혀져 왔다. 한낱 마당쇠에 불과하다가 애완의 대상이 되고 이제는 반려의 자리에까지 왔다. '생각이나 행동을 늘 함께하는 동무'를 반려라 한다. 이성異性의 두 사람이 만나 해로하며 서로를 반려자라 부르는 바로 그 반려. 고독에 지친 도시인들이 선택한 반려의 대상이 사람인 배우자만으로는 부족해서 충직하고 애교 넘치는 개에게로 확장되는 것은 자연스럽다. 공간을 같이하고 표정을 읽으면서 고독을 덜어 준다면 반려의 자격은 충분하다. 인류의 조상 네안데르탈인은 삶과 죽음을 이해하는 방추형 뇌세포를 가지고 있었다. 침팬지에게도 있는 이런 뇌세포를 개에서 찾아낸다면 견공의 팔자는 더욱 늘어질 것이다.

  한량이었던 L 씨도 밥값 이상을 하는 가장이라는 본질(역할)의 존재였다. 가정의 질서를 유지하는 매니저의 일일 수도 있고, 슬하를 훈육하는 훈장의 일일 수도 있다. 그 집 다섯 남매의 아버지에 대한 지극한 효심은 가장 역할의 증명일 수 있다. 외풍을 막고 가족을 대표하는 역할을 결코 낮추어 볼 일이 아니다. 동네 반상회에 참석하는 일도 일하는 맏아들이 아니라 L 씨 본인이었고, 농지세도 그의 지갑에서 제일 먼저 나온다고 했다. 이런 그를 두고 개 팔자의 사람이라 한 것은 너무

업신여기고 한 실언이었다. 아내가 외출에서 돌아오면, 대보름날의 '혼밥' 남자는 견공의 팔자인지 우공牛公의 팔자인지를 물어보아야겠다.

디지털 피서 避暑

　　　　　　삼복의 해님이 입을 한껏 벌리고 태초의 불을 그대로 내뿜는다. 비 온 지도 오래여서 풀잎이 시들고 버드나무도 어깨가 축 처졌다. 피서 행렬이 도로를 메우지만 끼어봤자 불 세례는 피할 수 없을 것이다. 문밖에 나가기가 싫다. 섭씨 40도에 육박하는 폭염의 인내 시험이 무지막지하다. 등줄기에 찬물을 끼얹지만 단 쇠에 물 뿌리기이고 선풍기도 열풍기일 뿐이다. 마룻장에 누워 감각신경의 메인 스위치를 내리면 디지털의 무아경지에 들 수 있을 것도 같지만 심령이 거기까지는 미치지 못한다. 할 수 있는 일은 이열치열로 버티는 아날로그 피서법뿐이다. 혹시라도 괴기가 납량 효험이 있을는지 단테Dante가 갔다 온 저승의 초입을 넘보는 것도 괜찮을 듯하다. 타임머신을 타고 디지털 피서 여행을 시도해본다.

　유난히도 새까만 머리채를 허리춤까지 풀어헤친 소복 여인이 미닫이문 창호를 쥐어뜯으면서 방 안으로 침입하려 악을 쓰고 있다. 헝클

어진 머리채 사이로 어른거리는 여인의 백지장 얼굴은 안개 속 공동묘지의 밤 도깨비다. 서 치(약 10cm)나 되는 손톱의 갈퀴가 시퍼런 달빛에 번뜩이며 점점 날렵해진다. 뜯긴 창호 안으로 들락거리는 손 갈퀴가 문짝을 들었다 났다 하니 걸어 놓은 문고리가 무너지기 직전이다. 사람 살리라 소리 지르려 하지만 목소리는 아예 터지지 않는다. 육탄으로 어찌해보려 하지만 바위에 눌린 나무토막 몸뚱어리는 꼼짝달싹 못 한다. 방법이 없다. 체념이다. 허공에 붕 뜬 육신이 외계의 소용돌이에 빨려 들어가며 아득히 멀어진다. 여인은 이승의 사람을 데려오라는 저승사자의 심부름 온 여이임이 분명하다.

"손 선생~! 왜 그래요~? 복통이라도 났어요~?! 문 좀 열어 보이소~!" 다급한 목소리가 아득히 먼 산울림처럼 들린다. 많이 듣던 목소리 같아도 누군지는 알 수 없다. "으… 윽!" 입이 열리지 않아 그저 신음만 한다. 방문이 와장창 머리맡에 무너지고 회오리바람 한 자락이 마녀를 휘몰아 용마루 위로 치닫는다. 안채의 주인아주머니 내외가 와락 달려들어 늘어진 나무토막 하나를 툇마루에 끌어내 웃통을 벗기고 김칫국물 한 사발을 안긴다. 허겁지겁 들이키다가 재채기로 토해내더니 막혔던 숨통을 크게 터뜨린다. "휴우~!", 저승사자의 동행을 면하는 순간이다. 아직 이승의 사명使命이 남아있는 사람이어서 놓아주는 '염라대왕'의 배려일 거라는 암시가 뇌리를 스친다.

1975년 12월 27일 엄동 날 새벽 두 시쯤, 공직에서 기러기 생활을 하고 있던 대구의 한 하숙집에서 일어났던 일이다. 문틈으로 새어든 아궁이 연탄가스 중독에서 구사일생으로 구출된 일이다. 크리스마스를 이야기하며 떨어져 있는 서울 가족들을 다독였던 이틀 전의 평온을 떠올리면 한이 될 뻔한 날이었다. 널찍한 정원을 사이에 둔 별 채의 하숙방은 외져있는 적막의 공간이었지만, 인정 많은 주인아주머니의 정의情誼가 생명의 끈에 이어져 있었던가 보다. 위급 상황에 모여든 여럿이 다음 대처에 전전긍긍이지만 야간 통행금지로 우왕좌왕하는 동안 환자는 자신의 사명이 뭔지를 곱씹고 있었다. 평생 본분이란 걸 끼고 사는 청승은 이런 인연으로 따라붙게 되었는지도 모른다.

　일산화탄소가 산소 공급을 막아 뇌의 기능이 정지되고 심장이 멎으면 죽은 사람이 된다. 짚불 가듯 사르르 심장 박동이 멎는 일은 아무런 물리적 진동도 소음도 없다. 죽음의 문턱을 지날 때 영혼이 육신을 빠져나가 안채의 잠든 주인아주머니에게 구원을 청했을 것이다. 이른바 코마Coma상태에서의 구제다. 죽음의 순간에서 육체 따로 영혼 따로라는 이른바 이원론의 체험이다. 이렇듯 시후세계 초입의 순간은 영육靈肉의 분리과정일 것이다. 그 영혼이 영생할는지는 알 수 없어도 육신과 따로라는 것은 확실해 보인다. 맡겨진 일이 남아있어 '염라대왕'이 이승에 머물 시간을 더 배려했다고 하면, 생의 시간에 반드시 사명을 되짚어봐야 하는 과제로 남는다.

　피하느니 차라리 맞서는 아날로그로 환원한다. 이열치열이다. 디지털 피서 길을 가보지만 오히려 무덥기는 점입가경이었다. 염천의 찜통에 미지의 사명 보따리만 더위의 무게만큼 더해졌다. 중천에서 불을 뿜던 해가 서산에 배를 깔고도 인간의 인내 시험을 멈추지 않는다. 고통이 창조를 낳는다고 했다. 고통이 깊은 만큼은 창조도 클 것이다. 이 불볕의 고통 뒤에 바로 가을이 있다. 염천아! 얕보지 마라. 이보다 더한 고통도, 목숨 건 전쟁의 포연도 물리친 베테랑이다. 이쯤에서 폭염 인내 시험 성적을 매겨도 될 듯하구나. 마룻바닥에 땀이 흥건하다.

연옥煉獄의 죄

이승에서 선하게 산 사람은 죽어서 천국으로 가게 되지만 그러지 못한 죄인들은 지옥으로 떨어진다. 천국과 지옥의 사이에는 연옥이라는 중간도 있다. 가벼운 죄의 사자死者를 연옥에서 불로 지져 죄가 지워지면 그도 천국으로 구제되지만 지워지지 않는 중죄인들은 끝내 지옥으로 떨어진다. 단테가 『신곡』에서 이승의 업보를 경고하는 경구에서 그렇게 썼다. 지옥은 너무 많은 죄인이 붐벼서 가벼운 죄는 씻어서라도 여유 있는 천국 자리에 보내지는 모양이다. 선하게 살면 될 일이지만 못하더라도 중죄만은 짓지 말아야 한다.

어느 날 아내가 불쑥 내게 충고의 말을 툭 던졌다. 참을성이 부족한 남편을 걱정해서 하는 소리였는데, '전철이나 길에서 젊은이들이 눈에 거슬리는 짓을 하더라도 못 본척하라.'는 거다. 지하철 찻간에서 보기 민망할 정도로 애정 행각을 벌이는 젊은 남녀 한 쌍에게 할아버지 한 분이 예의를 이르면서 충고를 했단다. 젊은이가 반성하기는커녕 오히려 자유를 간섭한다고 대들어서 봉변을 당한 꼴을 보고 와서 하는 소리였다. 차 안의 아무도 그 할아버지를 거들어주는 이 없이 당하기만 하자 다음 역에서 내리는데, 그 젊은이 둘이 부리나케 뒤따랐단다. 어떤 일이 벌어졌을지 불안하다.

그 일 얼마 후 전철 칸의 맞은편 출입문 근처에서 20대의 대학생으로 보이는 남녀가 가방을 둘러멘 채 마주 서서 가위바위보 장난을 하고 있었다. 이긴 쪽이 상대의 뺨을 때리는 장난이었는데, 손바닥으로 철석 철썩 상대의 뺨을 때리며 떠들어대는 소리가 하도 소란스러웠다. 양쪽 뺨이 온통 고추장이 되고 깔깔대는 제멋대로의 웃는 꼴이 너무나 상스러웠다. 승객들이 모두 못마땅해 힐끔힐끔 쳐다보는 시선을 알고도 아랑곳하지 않았다. 대학생으로 보이는 그들에게 교양이나 지성하고는 너무나 거리가 멀었다.

장난이 금방 끝날 것 같지 않으니 참아오던 나도 인내심이 바닥이 나서 한마디 해야겠다는 생각이 불쑥 났다. 좀 자중하라고. 그 순간에 나는 문득 아내의 충고를 떠올리면서 적반하장으로 저들이 뉘우치지 않고 반격이라도 해 오면 어쩌지? 내가 수세에 몰리면 보고 있던 승객들은 우군으로 나서줄까? 딴에는 머리를 굴리며 이런저런 뒷일 걱정부터 하다가 말문을 열기도 전에 차는 성큼성큼 다음 정거장에 가 닿고 그들은 후딱 차에서 내려 버렸다. 충고할 기회를 비키고 말았다. 망나니의 봉변을 모면하기는 했지만 알량한 시민 정신은 시궁창으로 처박힌 꼴이 되어 뒷맛은 두고두고 씁쓸했다.

"지옥의 가장 뜨거운 자리는 도덕적 큰 위기 때 중립을 지킨 자들에게 예약되어 있다." 14세기 단테의 경고에 바탕 하여 20세기 미국의 제44대 대통령 케네디가 뱉은 일침이다. 양심에 따라 행동하지 않고 방관하고 침묵하는 현대인의 비겁함을 때린 질책이다. 부도덕 앞에서 도덕을 말하지 않고 침묵하거나 못 본 체한 죄는 연옥에서도 구제될 수 없다는 경고다. 무릇 문명 사회의 진보는 건전한 충고를 약으로 삼는다. 불의를 묻어두고 침묵하거나 방관하는 짓은 문명의 진보를 훼방하는 죄인이 되는 거다. 이기체己 뒤에 숨어서 비겁해진 현대인을 개탄한 케네디의 충고를 결코 못 들은 척할 수는 없다.

 예부터 우리는 동방 문화에 살고 있다. 문화는 천명 같아서 바뀌지 않는다. 서방에서 들여온 자유의 가치가 선善임에는 틀림없어도 겉모양만 보고 잘못 흉내 내면 천박하여 공동체의 해악일 뿐이다. 내 자유가 선이면 남의 자유도 선이다. 앞 세대는 뒷세대의 젊은이에게 자유의 참뜻을 말해 문화를 일깨워 주어야 한다. 자유가 방종으로 내달려도 중립이나 침묵으로 못 본체하면 이웃의 자유까지를 유린하는 강도가 되어버린다. 그 강도를 방관한 죄악이 연옥에서 구제될 수 있을는지는 두고 볼 일이지만, 지옥의 뜨거운 자리는 늘 텅텅 비어있었으면 좋겠다.

달팽이

　　　　　　1964년 봄, 난생처음 서울에 온 시골뜨기는 몸 둘 거처가 없어 막막했다. 어느 주말 오후, 남산 공원의 벤치에서 장안의 천당만호千堂萬戶를 내려다보며 집 꿈을 그리다가 남대문 앞에 가서 '76번' 시내버스에 올랐다. 종점에 내려 빈 여인숙 방이라도 있으려나 어둑한 골목 안을 기웃거렸지만 꿈은 현실이 아니었다. 허술한 끼니나 낡은 의복은 잠시 궁핍하여 그러려니 넘길 수 있지만, 거처 없는 집 걸인 행색은 참기 어려웠다. 풀숲의 달팽이도 몸담을 집이 있고 하늘의 새도 해가 지면 둥지로 드는데 들앉을 곳 없는 집 가난은 망망대해의 밑바닥이었다. 일터에서 들볶이다가도 밤이면 저마다 둥지로 드는데, 창 너머 허공에 시선을 놓고 달팽이나 참새보다도 못 하구나 탄식하였다.

　'우골탑牛骨塔'을 쌓고도 놈팡이이기 일쑤인데, 일터 얻은 것만도 행운일 테지만, 빛만 좋은 개살구였다. 받는 녹봉이 하숙비의 절반을 넘지 못하는 쥐꼬리여서다. 기아 월급이라도 지키려면 기러기 하숙보다 차라리 싸구려 단칸방을 생각해 냈다. '깍쟁이' 서울에 고군분투 맞설 각오다. 주머닛돈 몇 푼의 뱁새가 목돈의 황새걸음을 걷겠다는 기상천외다. 분수에는 안 맞아도 떨궈놓은 가족을 책임지겠다는 위선이었을 것이다. 꾸어다 모은 삼십만 원짜리 방은 수도도 개통하지 않은 신축 중인 집 문간방이었다. 서둘러 놓는 셋방이다 보니 벽이며 구들이 무논처럼 젖어 있었다. 밤사이 축축해진 이부자리와 옷가지는 볕을 보이면 된다고 아내가 안심시키려 하지만 응달 집에 해가 들 리 만무하였다. 옆집 물을 얻어 쓰고 젖은 아궁이의 연탄불이 꺼지는 고통이어도 나뭇가지 움막의 6·25 피난 때보다는 낫다 싶었다.

집 장수가 늘어놓는 변명만 듣다가 첫돌 지난 둘째가 설사병을 앓고 말았다. 백약이 무효라 얻어 마신 물을 의심하고 방을 옮기려 복덕방을 들락거렸다. 분탕하는 아이가 둘이나 되다 보니 방 얻기는 더 어려웠다. 둘인 아이를 없다 할 수도 없고, 하나뿐이라고 둘러대자니 가슴이 너무 뛰었다. 딜된 집도 마구 세놓는 한양 대제*는 집을 도깨비방망이처럼 휘두르면서도 신주같이는 모시었다. 내 집이 소원이 되어 버린 것은 졸부가 되려는 대망이 아니라 적어도 달팽이는 되어야겠다는 각오가 화석으로 굳어 버린 증세였던 거다.

긴긴 고투 끝에 내 집 등기의 깃발을 들었던 날은 세상을 다 얻은 날이었다. 고궁의 궁궐인가 정각인가 혹해서 덜컥 계약해버린 새집이다. 걸머진 방 빚에 집 빚을 더 얹는 배짱은 독불장군의 막무가내였다. 채소밭 한복판의 거름 냄새가 코를 찔러도 셋방살이 탈출의 질주를 막지

는 못했다. 집이라면 용광로라도 뛰어들 기세는 아마도 궁변통구窮變通
久의 변심이었을 것이다. 유치원에 가야 할 첫째도 무얼 알기나 하는지
좋아라며 방아깨비처럼 뛰었다. 담장 위에 장미꽃 피는 집을 기웃거리
거나 목련 집 정원을 들여다보다가 주인에게 오해받는 일도 더는 없을
터였다.

  마당 귀퉁이에 장미 하나쯤은 심을 그 집을 애지중지 가꾸었다. 외딴
집 도둑 막으려 강아지도 한 마리 구해와 보금자리를 마련해 주고, 먼
지 없는 마당이어야 한다며 시멘트로 포장까지 해버렸다. 퇴근길도 눈
에 띄게 빨라지더니 세 들다가 세놓게 된 곁방 주인의 집 허풍은 일진
구풍一陣 颶風 같았다. 귀신이 있다면 아마도 집의 신내림을 받았을 것이
다. 그도 잠시뿐, 장마철의 반지하 연탄 광 누수漏水가 허풍을 잠재우더
니 잦은 응달 집 이삿짐 보따리가 서투른 도시 생활을 송두리째 삼켜
버렸다. 이윽고 높은 지대의 집일 것과 남향일 것 같은 내 집 조건이 병
입고황病入膏肓으로 자리 잡게 되었다.

  지금 사는 집은 동네 앞이 훤히 내려다보이는 언덕 위의 남향집이다.
창작이 아니고 기성품이다 보니 선택의 여지가 없기는 하였지만, 살아
보니 아주 잘 고른 집이다. 태풍에도 물 걱정 없으며 동쪽의 뜨는 해도
보고 지는 녘의 서쪽 해도 오래 볼 수 있다. 햇살은 온기를 주고 생명의
기운도 함께 풀어놓는다. 까칠한 초가을 햇살이 내려다보는 명당의 창
가에 앉아 아련한 추억의 밑바닥에서 영화처럼 선명한 장면 하나를 어
루만진다. 태어나 자라던 옛 고향 언덕 위 남향의 초가집이다. 지금 이

집을 선택할 때는 귀소 본능이 동행하였던가 보다.

　어두웠던 긴 터널의 시기에는 종착의 예고도 알 수 없었다. 그냥 평화롭게 제비 날고 박꽃 피는 옛 초가삼간 집이나 수십 년 사투 끝에 쟁취한 지금의 성냥갑 집이나 거기가 거기다. 차라리 옛집에 그냥 머무를 것을 공연히 긴 세월 속을 끓였던가 보다. 아니 해도 될 일을 한 건 손해인데, 손익을 덮고 보면 달팽이를 잊을 수가 없다. 제집을 아예 업고 다니는 고놈에게서 악다구니 세상을 버티는 슬기를 배웠다. 놈이 아니었으면 불귀의 집 미아가 되었을지도 모른다. 길바닥에 이리저리 나뒹굴던 겨울 낙엽이 가까스로 멈춘 곳, 달팽이 집을 넘어서지 못했다. 차라리 정 두었던 옛 초려草廬였으면 더 나았을까 보다.

부자富者 꿈

　　　　　　서울 종로통을 내왕하면서 나는 큰 부자라는 착각에 빠질 때가 있었다. 금방金房 유리창 안을 들여다보며 진열해 놓은 보석에 빠졌을 때다. 그런 일은 없었지만, 주인이 제지하지만 않으면 들여다보는 동안은 그 안의 보석 전부가 내 것인 양 부자 기분을 낼 수 있었다. 소유하지 않고도 즐길 수 있다면 그보다 더 행복한 일은 없을 것이다. 돈을 주고 살 능력도 없으면서 그 많은 보물을 즐긴다는 것은 참 즐거운 일이었다.

　시골에서 자랄 때 할아버지의 탕건宕巾에 달린 옥은 이 세상에서 제일 귀한 보석인 줄 알았다. 할머니가 끼고 계시던 구리 가락지도 있었지만, 구리를 보석으로 안 쳐준다는 것쯤은 알고 있었다. 그래도 할머니는 틈만 나면 가락지를 만지작거리며 무척 소중하게 여기셨다. 한번은 가락지를 어루만지면서 손자가 장가들면 손부에게 가락지를 물려주겠다고 하셨다. 그런데 훗날 정작 할머니가 손자더러 장가가라고 재촉하실 때는 가락지가 보이지 않아 의아했다. 아마도 손자가 객지에 나가 있는 틈에 자주 드나들던 구룡포의 건어물 행상 할머니가 반찬거리와 바꿔갔겠거니 짐작하고는 무척 서운하다는 생각을 하였다.

결혼 때 아내에게 선물로 사주었던 수정 반지는 할머니의 구리 가락지보다는 훨씬 귀할 거라며 자신만만했다. 종로통 금방을 기웃거렸던 것은 시골 읍내에서 샀던 그 수정 반지가 어느 정도 귀한 것이었는지 늘 새삼 확인하고 싶어서였다. 루비니 사파이어도 있는데 수정을 사주고서도 그 수정이 어느 정도였는지는 궁금했던 모양이다. 미흡한 일을 한 사람은 뒤에 꼭 현장을 다시 찾는다고 한다. 아마도 반지가 아내의 기대에 못 미쳤을 거라고는 생각했던 것 같다. 수정 반지 가격이 얼마였는지 기억할 수는 없지만 내 재력에 비추어 꽤 힘을 썼던 것만은 틀림없다. 선물이 크기나 가격의 고하에 따라 의미가 좌우되지는 않는다고 철석같이 믿으면서도 왠지 그리하였다.

결혼반지 기억을 까마득히 잊고 있던 만년晩年의 우리 부부에게 보석보다 더 귀한 선물은 따로 있었다. 바로 셋이나 되는 손주 놈들이다. 드높은 황금 첨탑도 새들이 똥을 싸버리니 별것 아니던데, 얘들은 언제나 그럴 염려가 없는 순정품들이다. 아쉽게도 셋 중에 둘이 너무 멀리 나가 있어 본 지가 한참이나 오래다. 떨어질 때는 그놈들이 '소녀시대'나 '아이돌'을 흉내 내면서 재롱을 떨던 시기였다. 언제나 바라다만 보면 은쟁반에 놓인 보석처럼 영롱하게 빛을 내며 깔깔대었다. 개나리가 요란을 떨고 목련이 박장대소할 때면 아이들 얼굴이 어른거려서 한숨을 지곤 했다. 보름달을 마주할 때도 가슴이 소스라치게 뛰었다. 금은방 보석들이 제아무리 뛰어나다 해도 들여다보아 가슴이 뛸 정도는 아니었다.

그제 밤에는 커다란 보석나무에서 금방울을 따는 꿈을 꾸었다. 그런데, 그 꿈이 적중하나 보다. 아이들이 영상映像으로 쑥쑥 몰라보게 크면서 어른 소리를 내더니 이제 곧 보러 온단다. 금방에서 보았던 보석들이 내 손안으로 굴러든다는 해몽이다. 이제 개나리와 목련이 소란을 떨어도 무용하고 금은방 진열장 안에 놓인 보물에 목을 빼지 않아도 될 것이다. 루비가 아니어도, 사파이어가 아니어도, 그러나 루비면 별것이고 사파이어면 별것이겠는가. 옆에 두어 곱고 귀한 것이면 그것이 보물이지. 염원을 빌고 참으며 견디는 일이 괴로울지라도, 그 염원을 이루어 손에 쥘 수만 있다면야 세상 바랄 게 더 있겠는가. 부자 되는 일이 아득히 먼 것 같아도 그저 마음먹기에 달렸는가 보다. 부자가 꿈이 아니고 현실인 것이 꿈만 같다. 나는 부자다.

진주 반지

　　　　　　　　　결혼 때 아내에게 사준 선물은 수정水晶 반지였다. 얼마 안 되어 그 반지에서 알이 빠져나가 잃어버리고 낙담하고 있을 때, 나중에 진주 반지를 다시 사주겠다고 약속했다. 진주가 보석 중에 여왕 대접을 받는 아주 귀하다는 것을 그때 알았다. 진주를 귀하게 여기는 까닭은 미려한 외관이나 희귀성 때문일 것이다. 무기질 탄소의 다이아몬드도 귀하기는 하지만 유기 화합물의 진주와는 전혀 다르다. 산 사람이 살아있는 DNA의 보석을 만나는 궁합은 찰떡궁합일 것이다. 궁합이 잘 맞는 부부여야 한평생 깨밭에서 알콩달콩 살아갈 수 있다고 한다.

　모래밭의 조개 안에 모래알이 들어가면 조갯살이 이물질에 반응하며 자기 몸을 방어하려고 체액을 분비하여 에워싼다. 모래를 바깥으로 밀어내지는 못하고 긴긴 세월 몸 안에 품은 채 끊임없이 체액을 뿜어내어 동그랗게 축적된 결정체가 진주다. 몸속에 모래가 박힌 병을 앓는 것이다. 보드라운 살 속에 거친 모래가 박혔으니 진주를 키우며 조개는 평생 얼마나 아팠을까. 사람들은 조개의 그 암 덩어리를 보물이라며 혹한다.

　동물이 몸 안에 생긴 병화에 반응하여 만들어지는 것 중에는 우황이라는 것도 있다. 소의 쓸개에 생긴 병화의 덩어리이다. 우황을 품은 송아지는 고통으로 시름시름 왕성한 생장이 어렵다. 알듯 모르듯 긴 세월 응어리로 자란 우황은 진귀한 약재로 쓰인다. 사람들은 귀하게 보이기 위해 조개에서 진주를 빼앗고, 장수를 위해 소에서 우황을 취한다. 진주를 그냥 여왕으로만 칭송하고 우황을 그냥 약재로만 여기기보다 그 속에 쌓여있는 고통과 인내의 흔적을 함께 알면 진귀함은 한층 달리 다가올 것이다.

　매미의 일생도 애틋하다. 나무껍질 속에 버려진 알에서 나온 유충이 굴러떨어져 땅속으로 들어가면, 다섯 번의 허물을 벗고 변신하는 굼벵이 기간을 거친 뒤에야 비로소 성충이 된다. 그 여정은 자그마치 짧게는 칠년, 길게는 십칠 년까지나 걸리는 여정이다. 고난의 여정에서 천적에게 먹히거나 병들어 죽고 백에 둘 정도만 성충인 매미의 자리에 오른다. 오직 불굴의 끈기만으로 버텨야 하는 기나긴 여정이다. 나뭇가지에 엎드려 천재일우의 성취를 노래하는 매미가 갸륵하고 우뚝해 보인다. 그러나 그 환희의 성충기간이 겨우 이레 남짓뿐이니 어찌하랴. 쥐꼬리 영광을 위해 십칠 년 세월의 장도에 나섰던 매미에게는 찬사 말고도 애잔함이 있다.

무기질이기는 해도 다이아몬드가 생겨나는 과정도 고난의 과정임에는 같다. 지구의 중심에 있는 마그마의 엄청난 고열과 지압이 흑연의 탄소 구조를 바꾸어 다이아몬드로 만들어낸다. 지표에서 무려 150여 킬로미터나 되는 아득한 곳에서 시작하여 지각 변동이나 화산 폭발로 떠밀려 서서히 지표로 올라오면서 다이아몬드가 완성된다. 수백만 년에서 수십억 년이나 걸리는 길고도 긴 고난의 여정이다. 다이아몬드가 왜 귀한 물건인지 분명해진다.

　고난 없이 저절로 굴러오는 광영은 없다. 안락은 긴 고통의 관문을 지나 끄트머리에서만 기다린다. 고난을 먹고 자란 진주나 다이아몬드가 그래서 귀한 대접을 받는다. 십칠 년의 긴 장도에 나섰던 매미의 환희는 짧은 만큼 더 당당해도 될 것이다. 영광의 크기가 고통의 길이에 꼭 비례하는 것은 아니다. 인고의 터널이 아무리 길고 어둡더라도 화려한 끄트머리가 기다려 주는 인과응보는 그래서 보배다. 평생을 같이하는 여인에게 미뤄온 가락지 선물 약속을 이제야 실행하려 한다. 이미 조개나 매미의 삶을 살아온 여인이 지각 약속을 반겨 줄는지는 모르겠다.

군자란 君子蘭

　　40여 년 전, 군자란 kaffir lily 화분 하나가 집에 들었다. 조상의 고향이 남아프리카라니, 이국땅 후예가 생면부지 주인과 우연으로 만난 것이다. 관리 부실로 화초 죽이기에 이력이 나 있던 터라 이까짓게 또 얼마나 곁에 있어 주려나, 업신여기고 먼발치에 밀쳐놨다. 주인의 홀대로 뿌리가 썩고 이파리가 시들기로 투정하더니, 10여 년쯤 사투 끝에 외로운 꽃대 하나를 올려 봄을 전령하였다. 우뚝우뚝 여러 꽃대를 세워 '나 이제 살았다.'한지는 만난 지 20여 년쯤 뒤부터다. 손길이 천대여도 꽃을 주니 측은지심에서 사랑 씨앗이 싹텄던가 보다. 긴 세월 느린 시선 주고 뒤늦게 꽃을 받은 지각 꽃사랑이다. 하찮던 사랑 나무가 슬금슬금 뿌리를 내려서 가슴 밑바닥에 깊이 자리를 잡아갔다.

　　학명에서 보듯 꽃 모양이 백합과 닮았다. 꽃말도 우아, 고결이고 검劍 모양 이파리의 풍성한 여유도 속 너른 군자 품성이다. 번져 나오는 새끼 촉을 떼어 여러 이웃에까지 족보를 넓혔다. 긴 겨울잠에서 경칩이 오기도 전에 꽃대는 이미 깊숙한 속 이파리를 비집고 나와 성큼성큼 솟더니 수십 개의 꽃봉오리로 군란群蘭 향연을 준비했다. 뻗어 오르는 이파리의 왕성한 기상에 주인의 시선이 빠지기 시작했다. 여러 꽃대의 주황색 윤창輪唱은 순서도 정연해서 3월에서 4월까지 발코니를 뒤덮고 집안을 휩쓸었다. 매일 아침 첫 대면 상대로 끄는 유혹에 넘어가 화초를 모르던 주제에 꽃 사랑을 하고 말았다. 사랑 뿌리의 길이가 수십여 길이 되고서야 터득한 사랑 지각생이 드디어 꽃과의 대화가 가능해졌다.

  목마르다는 낭연狼煙이 있을 때 물을 주고 배고프다는 투정이 들릴 때 밥을 주는 교감이 이 꽃을 사랑하는 요령이다. 아무 때나 물, 밥 주면 소화불량으로 앓게 되고 만다. 풍성하던 잎사귀의 끄트머리에 윤기가 바래고 곤추세운 칼끝이 처지면 목마르다는 신호의 사이렌이다. 겉잎의 진초록이 퇴색하고 찌푸려 주름이 지면 배고프다는 투정의 부저 소리다. 사랑하는 사람끼리는 말이 없어도 표정만으로 무얼 해줘야 하는지 금방 알아차린다. 가는 사랑이 느려서 오는 대답이 쉽게 들리지 않았을 것이다. 무성의 언어로 소통하려니 아둔한 주인의 터득이 늦을 수밖에 없었다.

  '회자정리'라 했던가. 늦은 사랑의 인연에 이별의 슬픔이 닥쳐 왔다. 살던 집을 떠나 이사해야 할 처지가 되었는데, 새집은 덩치 큰 화분들을 수용할 만한 공간이 안 되었다. 버리는 게 즐거울 때가 되었다 하여 큰 집 버리는 기쁨에 꽃 이별은 미처 생각하지 못했다. 여러 번 집을 옮겨 살아도 이것들과의 인연은 버리지 않았는데, 이번엔 주인이 사랑을 내려놔야 한다. 들썽한 마음인데, 마침 뒤에 이사들 사람이 첫눈에 반해서 물려 달라 했다. 우연히 온 것은 우연으로 가게 되는 것일까. 꽃과 기르는 집의 연분이 여기까지만이었을까. 새 주인에게 인계할 꽃 사랑 요령을 세목으로 적어 주고 연인을 시집보내는 생이별을 하였다. 너무나 사랑한 나머지 매화를 아내로 삼았던 임포林逋*는 꽃 이별을 어떻게 하였을까? 학이 아들로 함께 하였다니 아들이 사랑 말을 전하는 통역 일을 도왔을 것이다. 사랑 주면 꽃을 건네는 화초 반응에 익숙해질 만했을 때 이별이 가을바람 스치듯 무심히 지나갔다. 좀 더 일찍 꽃의 소리를 알아들었더라면 좋았을 것을. 만시지탄으로 떠밀어 보낸 꽃 사랑 뒷모습을 기억에서 지우는 일이 오래오래 갈 모양이다.

  유난했던 지난여름의 더위에 꽃들은 뿌리 보존을 잘했을까? 새 주인이 나보다 훨씬 더 후덕해 보이던데, 흡족한 사랑을 받고 있겠지? 오는 가을, 겨울을 거뜬하게 보내고 내년 봄에도 힘찬 꽃대를 밀어 올리려나? 시오리 산 너머 옛집 쪽으로 다 못한 사랑 신호를 이태째 띄워 보낸다. 일상이 고단하여 어깨 처졌을 때 군자의 덕으로 맞아주던 여유가 못내 그립다. 창밖의 거친 소나기 열기나 휘모는 눈보라의 냉기 때도 자신만만한 군자였다. 머리맡에 이고 자더라도 데려와 같이 살 걸 그랬나 보다. 되돌릴 수 없이 보낸 인연의 꼬리가 송곳 가슴앓이를 남겼는데, 옛 주인은 아직 치료 약을 찾지 못한다.

---

* 임포林逋: 중국 송나라 시인 임포는 세속의 영리(榮利)를 떠나 평생 장가도 안 들고 깊은 산 속 호숫가에서 매처학자(梅妻鶴子), 즉 매화를 아내로, 학을 아들로 삼고 시를 쓰며 유유자적하였다(『시화총귀(詩話總龜)』).

실수失手

 티 없는 삶은 조금은 단조로울 것 같다. 실수가 없어 뉘우칠 일이 없는 무결점 생이 그럴 것이다. 고등학교에 기차 통학할 때, 옆 마을 이호숙은 조숙하고 발랄한 여중생이었다. 멀찌감치 떨어져 다니기는 했어도 매일 같은 시각에 종종걸음으로 오리쯤의 기차역을 오갔던 통학 동창이다. 초등학교를 나보다 두 해 먼저 나온 그 아이는 나이도 그만큼 더 먹었다. 하지만 진학을 한참 미루는 바람에 거꾸로 내가 학년 선배가 되어 마주치면 말을 주고받는 사이로 되었다. 배필을 고를 때도 명함판 사진 정도만 교환할 정도로 '칠세부동석七歲不同席'을 지켜야 했던 옛날식 보수 마을에서다. 타성他姓의 장성한 남녀끼리 함부로 말을 주고받는 짓은 경칠 일이었다.

 친숙하지는 않아도 호숙에게 말을 건넬 수 있었던 것은 그럴만한 다른 사연이 또 있었다. 큰길 가 양철 지붕의 그녀 집은 건넌방을 학용품 가게로 쓰고 있었는데, 그 댁 노모의 가게 보는 일을 막내딸 호숙이 가끔 도왔다. 도화지나 공책을 사러 가면 거스름돈을 건네면서 무척 상냥하게 대해 주던 아이였다. 노모보다 그 아이가 가게를 지킬 때 연필을 사러 가면 왠지 더 기분이 좋은 것 같았다. 먼저 고등학생이 된 나는 같은 재단 한 울타리 안의 중학생인 그녀에게 이러저러한 정도의 말이 조금은 더 자연스러울 수 있었다. 그녀의 나이와 나의 고학년을 상쇄하고 그간에 쌓은 친소親疏를 보태면 쇠가죽을 뒤집어쓰고라도 말은 건넬 수 있었던 셈이다.

내가 고3이고 호숙이 중3일 때다. 크리스마스를 앞둔 어느 날 정성스레 만든 카드 한 장을 호숙에게 건넸다. 나보다는 한 해 후배이고 호숙이네 뒷집인 김태숙에게 전해달라면서다. 호숙은 후끈 더워진 내 얼굴을 멀뚱히 쳐다보더니 "태숙이에게…?" 하면서 반문하는 듯 여운을 남기고 받아 갔다. 여고 2년생인 태숙은 초등학교 학예회 때 독창으로 인기를 날렸던 아동이었다. 유난히 깜찍했던 그 아이는 몇 해 만에 청아한 숙녀로 성숙해 있었다. 그녀의 새침데기 모범생 전형은 난공불락의 요새여서 누구도 근접을 불허할 것 같아 밀서 작전을 시도한 것이었다. 보낸 카드는 오랜 염탐과 숙고 뒤에 꺼내 든 우정(?)의 신호이기도 했다. 카드를 받아들고 머뭇거렸던 호숙의 표정에 이 한마디가 더 얹혀 있었던가 보다. '너는 나 아니고 태숙이를 좋아하고 있군!'

시위를 떠난 화살이다. 회신을 기다리는 나는 안절부절못했다. 흘러가 사라질 육성보다는 언제나 남아있을 답신에 더 집착했다. 먼발치이기는 해도 매일 보는 낯이지만 만 리 타향의 연서를 기다리듯 하였다.

낌새라도 살피려 하지만 도무지 함흥차사여서 속으로만 장을 담글 뿐이었다. '호숙이 태숙에게 전하기나 했을까?' '왜 직접 주지 않고 삼자를 거쳐 소문내냐며 태숙이 내심 난처해 했을까?' '내게 주지 왜 태숙에게 하고 호숙이 꿀꺽 해버렸을까?' 온갖 상상을 떠올리면서 애간장을 태우는 사이에 성큼 겨울 방학이 오고 그해는 후딱 그냥 지나가 버렸다. 이듬해에 나는 곧 대처에 유학을 떠났고, 어설픈 우정의 신호는 큐피트의 화살이 되지 못했다.

 누가 그랬던가. 사랑하는 방법을 묻는 이에게 이리 말했단다. '그냥 사랑하면 되는 것', '사랑에 있어서 늦은 깨달음은 무용하고, 참으로 쓰라리다.'라고. 이 사랑하는 방법을 더 일찍 알았더라면, 동네 어른들의 감시나 체면쯤은 내던지고라도 나의 사랑(?) 체험은 시도되었을 것이다. 그 뒤 가끔 고향에 갈 때도 어김없이 그녀들 집 앞을 오갔지만, 망설임만 있을 뿐 우정이든 사랑이든 간에 질풍 같은 열정이나 노도 같은 용맹을 보이지를 못했다. 피우지 못한 봉오리는 꽃이 아님을 깨닫는 데는 아쉬움의 긴 시간이 더 필요했다.

 두어 살 연상이었던 호숙이네 일본식 양철 지붕 집이나 담장 안에 홍매화가 흐드러졌던 태숙이네 아담한 초가는 깡그리 헐려 나가고 지금은 없다. 민속 마을 정비에 쫓겨난 지 반세기의 세월과 함께 모든 것 다 흘러가고 고3 때의 그림자만 오롯이 남아있다. 기회는 무한정 기다리지 않는다. 그러나 그 흔적은 오래 남는다. 시간의 역사가 준 깨달음이다. 두 여인이 빙그레 웃는다. 지금 어딘가에서 누군가와 그냥 사랑하며 쓰라림 없이 행복하단다. 일생 잊지 못하면서 한 번쯤 더 만나보지도 못하고 그리워만 하며 살아야 할까 보다. 지나간 실수를 뒤돌아보며 뉘우치는 일도 행복할 때가 있다.

콜로라도의 추석날

　　　　　　　　콜로라도 대학교 켐퍼스 중천의 보름달은 유난히 밝았다. 달에 정든 사람이면 임이라도 찾아 나설 밤이었다. 서울의 추석날이라는 걸 아는지 잠 못 드는 이방인을 기숙사 마당으로 불러냈다. 가없는 하늘을 온통 혼자 차지하기가 민망했을 것이다. 금빛 달은 은하수마저 삼키고 큰 별들만 꾸벅꾸벅 졸게 하고 있었다. 지평선에 걸려 주춤기리던 초저녁달은 연무도 힘겨운 듯 무기력하더니 록키의 중천에 와서는 끝내 세상을 제국으로 지배하고 있었다. 에스판 트리의 노란 단풍을 은빛으로, 캠퍼스의 도서관도, 기숙사의 갈색 지붕도 황금색으로 바꿔놓았다. 달빛 유혹에 빠진 나는 어느새 플라타너스 고목의 가로수를 지나 도서관 가는 길을 뚜벅뚜벅 걷고 있었다. 쌓인 향수를 날려버릴 요량인지 보폭이 점점 커졌다.

　스프링클러의 분무를 먹고 자라던 길가의 잔디도 만월을 한껏 즐긴다. 내일 아침에는 생기발랄하게 달빛에 씻은 이슬방울을 자랑할 것이다. 떨어진 사과를 끌어안고 힘겹게 뒹굴던 노변의 다람쥐들은 밤눈이 어두운지 달빛을 그냥 흘려보내고 있다. 주말 전야의 현란한 기타 소리와 시끌벅적 청년들의 고성방가도 밤이 이슥해지자 잠잠하다. 한 줄기 웅성거리는 여음이 남아는 있다. 대 식당 앞 광장에 학생들 몇이 마지막 맥주잔을 달빛에 부딪치며 시간을 헤아리고 있나 보다. 나다니는 차들도 뜸하여 쏟아지는 달빛 말고는 모두가 일손을 놓고 휴가 중이다. 저만치 '마루 서점Hill Book Store'에 불이 켜져 있으니 그 옆 찻집에는 연인들이 도란도란 이마를 맞대고 있을 것이다.

하나뿐인 달이련만 이 밤의 달은 훨씬 더 크고 밝다. 우주인들이 계수나무 신비를 벗기고 나니 부끄러워서일까? 해발 1.7 킬로미터라는 도시의 표고 차이 때문일까? 위성 간의 거리에서 1.7은 아무것도 아닐 터인데, 과학이 반드시 과학만이 아닐 때도 있는 모양이다. 아프리카와 중동에서 온 석유 재벌의 2세, 언제나 세상을 낙원이라 말하는 멕시코 친구, 모처럼 장막에서 걸어 나와 무표정한 중국인, 늘 싹싹한 척하는 일본 친구도 같은 달을 보고 있을 것이다. 그러나 달빛에 끌려 나온 이 방인은 나 말고는 없다. 같은 달을 보면서도 다른 생각을 하고 있나 보다. 내가 반기는 달이지만 나를 외롭게 만들고 있는 것도 달이다. 서울에 있는 아이들이 그립다. 나의 사랑 고백을 전해달라 달에 부탁해야겠다.

달은 사람들의 염원을 다 들어줄 만큼 귀가 크다. 만고 역작의 예술 영감을 주고 외로운 영혼을 달래주는 가슴도 있다. 그래서 사람들은 달에 행운을 부탁하기도 하고, 사랑을 빌기도 한다. '남산 위의 쟁반달'에서 암스트롱이 밟은 달에 이르기까지 사람들의 염원도 가지가지일 것이다. 달빛이 밀밭에 쏟아지는 밤, 뒷동산 넓적 바위에 나가 하모니카를 불던 어린 시절이 있었다. 따라 나온 또래들과는 방직공장 취직 같은 장래 얘기도 했지만, 지금의 달은 그때의 달이 아니다. 내일을 얘기할 만큼 마음 줄 동무가 없고 밀밭이 아니라 새까만 지평선을 그은 내지가 있을 뿐이다. 동산의 바위가 아니라 궁전 같은 도서관으로 나는 이끌려 가는 중이다.

열람실은 따사롭기 여전해도 평소보다 더 고요해서 좋다. 사람이 없을수록 낙원인 데가 도서관인가 보다. 밤 근무가 따분할 테지만, 벽안의 여성은 오늘따라 더 상냥하게 웃는다. 떠났던 연인이 달빛을 타고 돌아온다 했나 보다. 늘 해오던 과제 일을 오늘은 제쳐두련다. 일주일 늦게 오는 고국의 신문이나 독파해야겠다. 하지만 어두운 얘기는 덮고 환한 소식만 보는 것이 달빛에는 어울릴 것 같다. 만약에 여유가 되면 평양의 '로동신문'은 볼 것이다. 금빛 달과 함께할 창가의 자리를 골라 오직 시간 하나만 마주할 자유를 누릴 것이다. 창문으로 쏟아 드는 금빛을 돈으로 치면 억만금이 될 것이다. 무한한 자유의 시간에 무량한 황금 자유를 누려보리라. 월광이 요요하니 시간만 창조해 내면 낙원이 따로 있겠는가.

유월의 산야는 무심한 녹음만 되풀이하는데, 공원에 외로이 서 있는 노병은 아직 죽지도, 사라지지도 못한다. 역사의 시간이 흘러간 뒤에도 장군의 가슴에 품은 전우들도 사라지지 못할 것이다.
- 「노병은 죽지 않았다」 중에서

2부
하인의 영웅

사과(謝過)와 용서(容恕)

저지른 잘못을 인정하고 뉘우치는 일은 용기가 필요하다. 스스로 실수를 인정하고 상대에게 사과하는 일은 더욱 큰 용기가 필요하다. 사과는 자기를 잠시 낮추는 일이어서 자존심의 손상일 수도 있고, 거래의 상대이면 손해가 따를 수도 있다. 뉘우치는 주체가 조직의 책임자라면 구성원 모두에게 미치는 손상을 감내할 각오도 해야 한다. 진정한 사과의 말 한마디는 그래서 무겁고 그 사과를 받아들이는 용서의 관용은 더욱 넓고도 깊은 것이다. 담대한 사과와 넉넉한 용서가 감동을 주는 까닭이다. '말 한마디로 천 냥 빚을 갚고, 웃는 낯에 침 뱉지 못한다.'고 하였다.

　결혼 초의 어느 이른 아침, 새파랗게 질린 새색시가 출근길의 대문 앞 새신랑 소매를 끌고 되돌려 툇마루 앞에 세웠다. 벗어둔 와이셔츠를 내밀며 팔뚝에 묻은 화장 자국을 추궁하기 위해서다. 시뻘건 여자의 얼굴 화장이 남자의 팔뚝에 묻어있다니! 신랑도 매우 당황했다. 전후가 밝혀지기까지 두어 달을 넘기는 동안 살얼음판 냉전은 빙산으로 굳어가려 했다. 그 냉전의 끝은 파경까지를 염두에 둔 색시가 문제의 대폿집 현장 확인에서 주모의 증언과 신랑의 뒤늦은 사과 뒤였다. 오래전 그 시절의 규수들은 남정네들의 술집 풍속을 잘 몰랐다. 역지사지를 생각했더라면 화평은 훨씬 앞당겨졌을 터인데, 신랑은 늦은 사과를 몹시 후회했다. 그일 뒤, 그 남정네는 여성을 옆자리에 놓고 주흥을 즐기는 짓을 하지 않으려 했다.

왜란 때, 괴멸한 수군을 다시 일으켜 왜를 물리친 역사는 군왕의 사과와 신하의 용서에서 비롯되었다. 조선의 선조 임금은 간신들의 간계로 투옥되었다가 백의종군하는 충무공에게 크게 사과했다. 군왕이 신하에게 '할 말이 없다尙何言哉'를 재언하며 사과하고 삼도수군통제사 자리를 다시 맡겼을 때, 이순신은 모친상 중 이였다. 직첩을 거절할 수도 있었지만*, 상을 뒤로 한 채 단숨에 임전하는 대범함으로 임금의 사과를 받아들였다. 평소에 하던 망궐례望闕禮를 올렸다느니 아니다느니 말하기보다 서슴없이 구국의 길에 나선 처신의 넉넉한 용서는 임금의 잘못을 품고도 남았다. 도성의 궁궐과 백성들을 세자에게 떠넘기고 줄행랑쳤던 좁은 임금이지만 뒤늦게나마 신하에게 사과하는 용기로 나라를 구했다.

고대 중국의 오나라 왕 부차夫差는 월나라 정벌을 위한 출정 도중 심상찮은 흉몽을 꾸었다. 신하 공손성公孫聖에게 꿈 얘기를 하자, 공손성

---

* 유교 사회에서는 부모상을 당했을 때 3년간의 시묘(侍墓)기간 중에는 왕명을 받들지 않을 수 있었음.

은 승산 없는 출정군을 되돌리고 월나라 왕 구천(句踐)에게 사과한 뒤 덕을 쌓을 것을 간했다. 그러나 부차 왕은 오히려 신하를 역적으로 몰아 목을 베고 출정을 강행했다가 패망하여 그도 스스로 자결하고 말았다(십팔사기十八史記). 충언하는 신하를 반역으로 몰고 적국에 사과하는 용기 대신 부질없는 만용을 부리다가 폐망을 자초한 것이다. 사과하고 화친했다면 역사는 달라졌을 것이다. 선왕의 복수심을 이어받은 부차에게는 왕의 사과가 나라의 자존심과 체면 문제였겠지만, 왕국의 패망은 만백성 안위의 문제였다.

가면무도회에서 춤꾼이 저지르는 실수는 건성으로 사과해도 그냥 넘어간다. 어차피 실수는 쓰고 있는 가면이 저질렀고 용서도 가면이 하는 거니까 그렇고 그런 거다. 정치 마당에서 보는 선량들의 사과와 용서는 흡사 가면무도회 같다. 그들은 아예 진심을 건넌방에 걸어놓고 나다닌다. 진심으로 미안해할 때가 없고 기껏해야 "송구스럽다."느니 하는 가면 정도만 내민다. 그것도 "무엇 때문에", "누구 때문에" 하면서 삼자를 걸고넘어지는 책임 전가여서 옹졸하기가 밴댕이 소갈머리다. 밴댕이 사과는 피라미 용서만 건드릴 뿐 오히려 고래의 응징과 보복을 잉태하게 만든다. 무시로 벌어지는 가면극을 보는 구경꾼은 넌더리가 난다. 사람들은 정치 마당의 가면을 아예 쳐다보지도 않으려는 습관이 생겨버렸다.

인간은 불완전한 피조물이다. 그래서 실수는 병가지상사이고 그 실수를 치유하는 묘약은 사과하고 용서하는 길뿐이다. 그 길은 곧 관계의 진보로 가는 지름길이다. 사과는 솟대쟁이가 솟대 위에서 온몸을 던지는 자신감과 용기여야 하고, 용서는 그 용기를 넉넉히 받아줄 수 있는 아량의 멍석이어야 한다. 제 때에 하는 용기 있는 사과와 그걸 넉넉히 안아주는 용서는 화평의 마당을 넓히지만, 응징과 보복은 더 깊은 수렁을 만들 뿐이다. '관계'의 사회는 사과와 용서를 거름으로 더 나은 공동체로 진화한다. 무거운 천양 빚도 탕감해 줄 한마디 말은 결코 특별한 말이 아니다. 그저 진심에서 나오는 한 마디면 충분하다.

히데요시秀吉와 히데이에秀家의 죄

　　　　　　　범죄인에게 내리는 형벌 중에서 가장 무거운 형벌은 생명을 빼앗는 극형, 즉 사형이다. 그렇지만 죄인의 사후에는 죄를 물을 수가 없다. 이미 없는 생명을 내놓으라고 할 수는 없는 노릇이다. 그러므로 사자死者는 무죄다. 그러나 절대 왕정 시대에는 사자에게도 형벌을 내렸다. 이른바 부관참시다. 대역죄와 같은 큰 죄목이 죽은 뒤에 드러났거나 생전에는 위세에 눌려 범죄자의 죄를 감히 논할 수 없었을 때 내리는 사후의 형벌이다. 무덤에서 죄인의 시신을 끄집어내 목을 쳐서 저잣거리에 매달아 살아 있는 사람들을 위협하는 절대자의 권력을 인정했다. 군왕은 천자天子인 절대 권력자여서 그런 게 가능했다.

　임진년, 일본의 도요토미 히데요시豊臣秀吉는 조선을 집어삼킬 요량으로 20만 왜군을 부산포에 상륙시켰다. 불과 18일 만에 한양 도성을 함락할 만큼 파죽지세였으니 조선왕을 사로잡아 무릎을 꿇리기로 작정했을 것이다. 그러나 온 백성이 의병을 일으켜 대군에 맞섰으니 당황했던 모양이다. 전세가 심상치 않게 되자 전쟁 총 감독관이자 히데요시의 오른팔 우키다 히데이에宇喜多秀家로서는 치욕이고 패전 책임에 대한 압박감도 컸을 것이다. 초조한 나머지 그는 조선의 선대왕 무덤을 파헤쳐 시신을 불사르고 말았다. 조선 9대 왕 성종과 정현왕후, 그리고 11대 왕 중종이 묻힌 선릉宣陵과 정릉靖陵이 그 능이다. 서울 강남의 삼성동에 복구해놓은 세 능은 지금 선정릉宣靖陵 또는 선릉宣陵으로 불리고 있다.

　두 선대왕이 왜에게 지은 죄가 무슨 죄이기에 부관참시했나? 침략군의 일개 장수가 상대국의 선왕을 처벌할 수가 있나? 전장에서는 적이라도 장수는 말할 것도 없고 병졸을 잡아 와도 함부로 다루지 아니한다. 시신을 불태운 뒤 부장품까지 모두 쓸어갔으니 히데요시는 도굴범 죄단의 수괴며, 그 하수인 히데이에는 짐승만도 못한 버러지였다. 범인들이 살아 있다면 당연히 극형감이다. 일본은 이런 야만을 무엇으로 해명할 것인가? 지루한 협상 끝에 범행 13년 만에 넘겨받은 도굴범이라는 두 놈의 병졸을 처단하기는 했지만, 이 처벌이 위로는커녕 오히려 분노 주머니를 들쑤셔 놓는다. 그 거대한 범죄를 겨우 두 병졸이 저질렀다고 하면 소가 들어도 웃을 일이다. 천인공노할 만행을 이렇게 봉합하다니! 오장육부가 뒤틀려 터지려 한다.

　420여 년 전, 침략국의 히데요시와 히데이에의 죄는 자연인 두 사람의 죄가 아니라 일본 국가의 죄이다. 저지른 죄인의 사후라고 해도 침략의 죄를 지은 국가는 아직 살아 있다. 현재의 일본 국은 과거의 일본과 역사 공동체로서 한 몸이다. 단순한 개인이 저지른 사자 무죄를 넘어 국가가 단죄의 책임에서 벗어날 수 없다. 이게 정의正義다. 나치 히틀러의 지난 과오에 대하여 현재의 독일이 고개 숙이는 이유가 바로 여기에 있다. 왜인들이 반도에서 저지른 만행 역사는 너무도 깊다. 시도 때도 없이 해안 포구를 짓밟아 노략질하고, 선민 살육을 일삼고, 수많은 문화유산을 노략질해 갔다. 지난날의 반도 침탈 야욕은 이렇게 대를 이어 내려왔으니 국가는 누범자이자 상습범의 죄를 면치 못할 것이다.

　식민 탄압 역사를 반성하라는 우리의 요구에는 더 오래전에 저지른 그들 선대의 뿌리 깊은 죄목을 싸서 하는 요구라서 더욱 엄중하다. 이제 일본 국이 대답하여 침략의 오점을 말끔히 지워야 한다. 그렇지 못하면 언제 또 그런 만행의 싹이 자라 나올지 아무도 모른다. 그들이 아무리 국가번영을 이룬다 해도 인류공동체에 대한 의義를 저버린 번영은 한낱 모래 위의 누각에 불과할 것이다. 센델Michael J Sandel은 말했다. 지나간 역사의 과오를 반성하지 않으면, 반드시 미래에 되풀이한다고. 불의가 짓밟았던 역사에 전율한다.

유월절 逾越節

　　　　　파란만장 끝에 이스라엘을 건국하여 강국으로 경영하는 유대민족은 과거의 고난을 되새김질하는 그들 특유의 행사가 하나 있다. 바로 유대력 1월 14일의 유월절 행사다. 그들의 조상들은 이집트에 노예로 끌려가 태산 같은 바위를 끌어다 피라미드를 짓고 수만 리 나일강둑을 쌓아 홍수를 막는데 육탄으로 쓰였다. 끌려가고, 혹사당하고, 목숨 바친 치욕과 고난의 조상 역사다. 그 선조들이 고난을 탈출한 날을 잊지 말자며 다짐하는 날이 유월절이다. 거친 밀가루 떡, 무교병을 깨물고 쓴 나물을 씹으면서 조상들의 고난을 되새기고 다시는 그런 수난이 없도록 하자고 맹세를 하는 것이다.

　현재에 사는 우리가 과거를 알아야 하는 이유는 현재를 올바르게 이해하고 미래에 대비하는 지혜를 얻고자 함에 있다. 그러므로 과거, 현재, 미래는 연속된 한줄기의 강물 같아서 결코 단절하여 토막으로 보면 아무 의미가 없다. 역사를 알아야 하는 이유이다. 한반도의 배달민

족도 반만년 긴 세월 일천여 번에 가까운 외침을 견뎌내야 했던 처절한 과거가 있다. 그런 우리는 유대인들이 유월절을 되새기는 것처럼 의미 있는 교훈을 주는 행사 날이 언제일까. 국권 침탈에 군왕이 머리를 땅바닥에 치며 조아렸던 역사를 가르치는 학교나 제국주의 폭압에 치를 떨며 절규했던 시대를 회상하는 삼일절 만세 삼창도 유대인의 유월절만큼 진지하지 못하고, 공산주의 만행에 짓밟힌 강토와 흩어진 혈육을 되돌리는 일도 건성임에는 매한가지다.

 "무산 노동 계급이 자본 계급에 대항하여 받아낸 부를 누리게 되면 지난날의 분발을 잊어버리고 점차 주어진 현재에 안주하게 된다." 두비엘Helmut Dubiel이 말한 이른바 시민화 효과다. 이 같은 시민 사회 현상의 설명은 역사 인식에도 이을 수 있다. 평화 시대(비록 온전한 평화가 아니더라도)에 오래 젖으면 수난 시대를 잊어버리고 늘 평화일 거라는 착각에 빠지게 된다. 가짜 평화가 진짜 평화로 보이는 착시현상이다. '전쟁을 준비하면 전쟁이 일어나지 않는다.' 전쟁에 대비하지 않으면 전쟁이 오고, 고난에 대비하지 않으면 고난을 겪게 된다. 그러고 보면 유대인의 유월절 고난 체험은 바로 철저한 고난 예방 행사이다.

 프랑스의 디드로Denis Diderot는 서재용 가운을 선물 받고 그에 맞춰 책상과 의자도 차례로 바꿨다. "말 타면 종 앞세우고 싶어 한다." 새 가운의 말이 생겼으니 새 책상과 새 의자의 종이 필요했다. 이른바 '디드로 효과'다. 지구촌 70억 인구 중에 하루 10달러 이상을 쓸 수 있는 인구수는 불과 10퍼센트에 불과하다. 대학 교육을 받았거나 받을 수 있는 사람 수도 1퍼센트를 넘지 못한다. 고등학교까지 의무 교육으로 가고 고 교생의 대학 진학률이 열에 여덟을 넘는 우리는 대학 등록금 지원이나 무상급식을 할지 말지를 놓고 서로 다툰다. 모두가 얼추 행복해(?)지 니 모두가 불행하게 느껴지는 상대적 박탈감 때문이다. 소득 3만 달러 시대가 왔다고 하지만 아우성치는 소리는 70달러 때보다 훨씬 더 시 끄럽고 날이 섰다. 느닷없는 준마가 나타나 너무 많은 종을 거느리고 싶어 하는 게 아닐까.

  시민화 효과나 디드로 효과를 누리는 것도 자유이기는 하지만, 그 자유가 뿌리에서 썩으면 끝이다. 모래 위의 누각에서 누리는 오만은 일장춘몽 허세일 뿐이다. 지금의 자유를 키워서 더 큰 자유로 만들고 영원할 수 있게 하려면 작은 자유라도 엇나가지 않게 자중하는 지혜가 필요하다. 나라 빼앗긴 굴욕을 벗어나려 장렬히 목숨 바치고 피 흘린 선조들을 생각하며 보릿고개를 이겨낸 앞 세대의 인내에 감사하는 일이 그 관리해 나가는 첫 번째 일이어야 할 것이다. 선대의 발자취를 뒤돌아보면 사상누각의 재앙을 방비하는 슬기가 바로 거기에 있다. 우리의 유월절은 언제인가?

노병老兵은 죽지 않았다

　　　　　　외침을 구백 유십여 차례 겪은 한반도, 그때마다 억척같이 물리쳐서 짓밟히었을지언정 빼앗기지는 않았다. 수와 당을 물리친 을지문덕과 연개소문을 명장으로 추앙하고, 왜를 수장시킨 이순신을 영웅으로 받드는 것은 전승 장수였기에 그런다. 종족의 소멸이 허다하였거늘, 그 영웅들이 패전하여 나라를 빼앗겼다면 어찌 되었을까? 후예인 우리는 지금의 우리가 아니고 단군을 잊어버린 중국인이거나 왜인으로 전락하여 수모를 겪고 있을 것이다. 호국 보훈의 달, 6월을 보내면서 그 영웅들을 기리게 된다.

　6·25전쟁을 동족상쟁의 전쟁이라고들 하지만, 들여다보면 이민족의 외침이다. 공산 소련의 스탈린이 획책하여 독려한 전쟁이고, 조선을 속국이라 떠드는 중공이 30만 대군으로 들이밀었던 전쟁이다. 아직도 그 전쟁이 끝난 게 아니기는 해도, 이 정도라도 불안한 안전을 이으면서 자유와 번영을 누리고 있음은 수많은 희생과 영웅들이 있었기에 가능

하다. 전쟁 공훈을 특정 몇몇에 돌릴 수는 결코 없지만, 미국의 맥아더 장군을 말하지 않을 수는 없다. 반도의 대부분을 잃고 나라의 명운이 풍전등화였던 1950년 9월 15일 새벽 두 시, 장군의 인천상륙작전이 반전의 시작이다. 아무도 예측하지 못했던 조수 간만의 차가 9미터나 되는 인천항을 반도 탈환의 교두보로 삼았던 예지銳智는 세계의 전쟁사에 기록되어 있다.

 인천의 자유 공원에 그 맥아더의 동상이 서 있다. 유엔의 16개국에서 보낸 34만 군의 총사령관으로서 자유를 수호한 용맹을 기리는 동상이다. 한때 이 동상을 쓰러뜨리려 한 무리가 있었다. 그를 저주한다면 폭압의 공산을 원한다는 말이 된다. 레닌의 공산 혁명으로 70여 년 이상 인민의 주린 배를 채워주지 못하자 그의 동상을 쓰레기장에 처박아 넣은 건 어떻게 설명해야 할까. 장군이 미국인 이어서 그런다고도 했다. 파병 미군이 연 30여 만에 이르고 13만 2천여의 사상자와 실종자를 낸 희생은 누구를 위한 희생이었나? 지구상의 최빈국 에티오피아도 동병상련의 빈국이었던 우리의 자유를 지키려 1,200여 명의 파병으로 도왔다. 공원에 서 있는 동상은 결코 맥아더 한 사람만의 전공을 기리는 동상도, 미국만을 위한 동상도 아니다.

 전쟁발발 사흘 만에 수도 서울을 빼앗긴 국군은 낙동강 하구에까지 밀려나 국운은 바람 앞의 등잔불이 되어있었다. 유엔의 도움으로 전선이 교착 상태에 빠지자 스탈린은 장기전의 보급로 차단을 걱정했던가 보다. 부관을 보내 전황을 살피게 하고 인천의 상륙작전 성공 가능성은 5,000분의 1이라고 판단했다. 후보지로 예측했던 군산항과 주문진항을 제쳐두고 인천항을 선택한 것은 맥아더의 성동격서聲東擊西 지혜였다. 공격로의 허리를 자르고 수도 서울을 탈환하여 북진의 발판을 만들었다. 전쟁 완결 전략을 놓고 백악관과 뜻이 맞지 않아 물러난 장군은 상하원 합동 고별 연설회에서 이 마지막 한 마디로 군인의 사명을 말했다. "노병은 죽지 않는다. 다만 사라질 뿐이다." 영원한 군인으로 남고자 했던 장수의 통한이다. 순간이 영원을 결정한다. 미완의 장군 사명이 영원의 시간 속에 살아 면면히 흐르고 있다.

실종된 참전용사 2만 8천의 원혼이 아지도 영면의 자리를 찾지 못해 허공을 떠돈다. 자유를 지키려다 산화한 숭고한 원혼들이다. 이들의 유해를 찾으려는 강산의 땅에 호미 소리가 속절없이 이어지고 있다. 유월의 산야는 무심한 녹음만 되풀이하는데, 공원에 외로이 서 있는 노병은 아직 죽지도, 사라지지도 못한다. 역사의 시간이 흘러간 뒤에도 장군의 가슴에 품은 전우들도 사라지지 못할 것이다. 보이지 않는다고 사라진 것은 아니다. 미국 버지니아주 장군의 외가 마을, 노폭Norfolk시에 있는 맥아더 기념관에는 그의 생전 유품들이 전시되어 있다. 아끼던 그의 시가 파이프에는 아직도 꺼지지 않는 연기가 회한으로 피어오른다. 노병은 아직 죽지도, 사라지지도 않았다.

살구나무

옛 시골 이웃집의 높다란 담장 안에 드높은 살구나무가 하나 있었다. 노목의 그 나무에는 해마다 살구가 주렁주렁 많이도 열렸다. 담장 밖으로 길게 뻗어 나온 가지에 주저리주저리 달린 살구는 보는 이 누구에게나 욕심을 자아내게 하였다. 지나가는 아이들도 바람이 떨궈놓은 낙과는 부족이고 돌팔매질을 해서라도 호주머니에 가득가득 채워 넣어야 성에 찼다.

어느 날, 그 살구나무 밑에서 던진 돌이 나무 둥치를 맞고 튕겨서 그만 담장 안의 장독대에 떨어지고 말았다. 뗑그렁 깨지는 소리가 나자 그 집 주인 아주머니가 '누구야!' 소리 지르며 뛰쳐 나왔다. 친구들과 줄행랑을 치다가 고무신이 벗겨지는 바람에 나는 그만 덜미를 잡히고 말았다. 다행히 장독이 깨진 것이 아니라 덮어둔 뚜껑만 깨어졌지만, 문초는 엄중했다. 철부지의 과오는 어른들로 거슬러 올라가 우리 가족 모두의 그 집에 대한 죄책감은 두고두고 오래갔다. 다행히 그 집 또래

아이와는 둘도 없는 친구로 가까워졌다. 그때의 양가 어른들은 모두 고인이 되고 돌팔매 소년도 노인이 되었는데도 죄책감은 아직도 지우지 못한다.

개인이 저지른 과오에 공동체 구성원 모두가 도덕적 책임을 져야 한다는 것을 샌델Michael J. Sandel교수는 '연대 의무'라고 하였다. 그 공동체는 한 가족일 수도 있고 한 사회나 한 민족, 또는 한 국가일 수도 있다. 이 의무는 또 과오 때의 구성원에게만 한정되지 않고 자손 대대로 이어져 영원하다고도 하였다. 구성원 모두가 '역사적 공동체'로 한데 묶어져 있기 때문이다. 자신의 선택과는 아무 상관 없이 모든 구성원에게 도덕적 행동을 하도록 하는 근원이므로 두고두고 근신해야 한다.

전후의 독일 지도자들은 과거 나치의 과오 때문에 유대인들 조상의 영령 앞에서 무릎 꿇고 여러 번 뉘우쳤다. 지금의 총리 메르켈도 그 책임이 영원하다고 몇 번이고 재다짐한다. 프랑스도 짧은 기간이지만 나치에 동조했던 한때의 실수를 반성하면서 대통령이 무릎 꿇고 고개 숙였다. 현 총리나 대통령이 직접 저지른 과오가 아니라 선대가 저지른 일인데도 그러는 이유는 역사적 공동체의 구성원으로서 지는 연대 의무 때문이다. 피해국들은 가해국의 사죄를 받아들이고 유럽의 번영에서 피아 구분 없이 단단한 하나로 뭉친다. 사랑하는 사람끼리도 실수를 인정하고 나면 사랑이 더 깊어지고, 이웃끼리의 우정은 더 길게 이어진다.

철학자 산타나야George Santanaya는 "내 나라가 저지른 과거의 잘못을 현세대가 보상하는 일은 내 나라에 충성을 맹세하는 애국심이다."라고까지 말하였다. 과거의 반성 없이 현재의 정체성이 서지 않고, 정체성 없이는 번영을 기대할 수 없다. 잘못을 뉘우치는 일은 고통일 수 있다. 그러나 그 고통은 항상 자신을 더욱 성숙하게 만든다. 나치 독일에 못지않게 제국주의 폭압을 자행했던 일본은 피해국인 이웃 나라들에 진심 어린 반성을 거부한다. 반성은커녕 저지른 만행을 오히려 미화하는 후안무치다. 반성이 고통이란 것만 알고 내공 행동심은 모르는 것이다.

철부지의 돌팔매가 가족 공동체라는 운명 때문에 파도 물결을 일으켰다. 물결이 국가 간의 역사적, 도덕적 책임에까지 이르니 살구나무 열매가 나라까지 흔든다. 반성의 위력이다. 샌델 교수의 뒤이은 충고가 파도를 타고 다가선다. "과거를 기억하지 못하는 사람들은 반드시 그것을 반복하게 되어있다." 섬뜩하다. 이 말을 우리 땅 독도를 내놓으라는 말에 연결하면 더욱 소름이 끼친다. 2차 세계대전의 주 전범 중의 하나가 현 일본 총리의 외조부라는 사실은 그냥 사죄가 아니라 단죄의 대상일 수도 있다. 전후의 도쿄 재판은 오판을 범했다. 살구나무에서 오는 전율이 크다.

하인下人의 영웅英雄

"하인에게 영웅은 없다." 헤겔의 말이다. "영웅이 영웅 아니어서가 아니라 하인이 하인이기 때문"이라는 주석이 있어 알아듣기 어렵지는 않다. 늘 영웅과 가까이 있는 하인은 누구보다 주인의 결점을 잘 안다. 더없이 유치한(?) 주인이 영웅으로 보이지 않음은 당연하다. 무결점 영웅호걸이 없다는 말이 된다. 위기의 나라와 민족을 구하고 시대의 흐름을 포착하여 역사를 앞당기는 대업을 이뤘다 해도 흠을 덧씌워 억지로 지우려 한다면 아무도 영웅일 수 없다. 인간은 결코 완전하지 못하다. 신도 완전한 신은 없다고 한다. 흠투성이라 하더라도 우러러볼 영웅 하나만 있으면 시대와 역사를 바꾸어 놓을 수 있을 것이다.

약관에 오랑캐를 물리치고 병조 판서에 오를 만큼 명장이었던 조선의 남이 장군은 호기 넘치는 시 한 수 때문에 역적으로 몰려 죽음을 맞아야 했다. 노량해전에서 장렬히 전사하지 않았더라면 이순신은 어땠을까? 치욕의 삭탈관직과 옥고를 치렀던 온갖 음모의 과거를 보면 속 좁은 군주의 시기와 정적들의 모함은 이어졌을 것이다. 못난 권력자는 잘난 신하의 꼴을 결코 앉아서 못 본다. 큰 인물의 존재를 못 보는 옹졸한 권력자의 흠집 내기는 좁은 만큼 악랄하고 포악하다. 약자들의 처세 본능이고 뛰어난 영웅이 오래 못 가는 이유이다. 영웅 고지에 오르는 길이 멀고도 험난한 여우 길이지만, 정상에서 내려오는 길은 더욱 거칠고 험악한 사자의 길일 수 있다.

나폴레옹은 하늘 찌를 권력욕이 흠이기는 해도, 왕정 시대를 마감하고 공화정으로 가는 시대 흐름에 발맞춰 대혁명을 완수한 영웅이다. 초급 장교에서 시작하여 수많은 전쟁을 거쳐 대륙을 거머쥔 업적은 영웅이기에 충분하고도 남는다. 그런 그도 '고도 세인트헬레나'에 갇혀 생을 마감하기까지는 혹독한 질시에 시달렸다. 승산 없는 이집트 전쟁에 출병하여 고난을 겪은 일이나, 사랑하는 아내가 비참한 죽임을 당한 일도 그중의 하나다. 워털루 전투에서 대패하고 고도에 쫓겨난 끄트머리가 초라하기는 해도 그가 영웅이라는 사실에는 변함이 없다. "영웅의 최후는 화려한 꽃이 져 쓸쓸히 나뒹구는 것처럼 비참하다." 헤겔이 내린 영웅 말로의 정의가 쓸쓸하기는 해도 영웅은 여전히 영웅이다.

만개한 서방 번영의 꽃이 퇴색이나 하는 양 동방이 세계의 중심이 될 것이라고 한 예언이 있다. 동방인의 자화자찬이 아니고 서방의 석학들이 한 말이어서 더 눈길을 끈다. 프랑스의 지성 자크 아탈리Jacques Attali는 한국이 2050년쯤이면 세계의 최강국 대열에 설 것이라고 때와 주연을 콕 찍었다. 침묵하는 동방의 용오름 예언이다. 과연 그렇게 될까? 과학에 근거한 말이라니 허망한 일이 아니기를 믿는다. 기회는 준비된 사람의 것이라고 했다. 빼앗긴 나라를 되찾았을 때나 숱한 국난을 물리쳤을 때 거저 된 때는 한 번도 없었다. 역사 흐름이 변곡점을 지날 때마다 기회를 잡아 이끄는 이가 있어야 했다. 사람들은 그를 영웅이라며 따르고 역사에 기록하였다. 비록 지는 꽃으로 나뒹굴게 되더라도 지금은 피는 꽃의 영웅을 보고 싶다.

  영웅이 꿈인 이에게는 찢긴 난세가 호기일 것이다. 역사의 바다에는 사람이 주역인데, 시대 흐류을 내버려 둘 것이 아니리 '영웅 호'를 이끌 선장이 필요하다. 조류에 부응하면 영웅이 될 것이고, 역행하면 역적이 될 것이다. 자칫 항로를 잘못 짚으면 선무당 굿판에 좌초하고 말 수도 있다. 구경꾼들은 무당의 잡귀신 주문을 알아들을 재주가 없고, 주는 떡만 넙죽 받자니 겨울 하늘처럼 우울할 뿐이다. 너무나 목마른 형편인데, 영웅 길 모르는 얼치기 영웅들만 발에 차인다. 내리막 사자의 길까지 각오한 참 영웅 하나면 족할 것인데, 그런 영웅이 누구인지는 알 수가 없다. 매양 하인의 눈이니 영웅 보는 안목이 모자라나 보다.

(2020년 4월)

약탈掠奪과 환원還元

　　　　　　스페인의 긴달 피사로는 남미 잉카 제국의 왕 아타우알파를 사로잡아 독방에 가뒀다. 왕은 건달에게 자기를 풀어 주면 갇힌 방을 채울 만큼의 황금을 주겠다고 하였지만, 건달은 왕의 목을 쳐 버려 제국의 역사는 멈췄다. 죽이고 빼앗은 황금이 유럽으로 건너가 제국주의의 씨앗이 되고 뒷날 산업혁명의 밑천이 되었다. 서구 자본주의의 성城은 이러한 제국주의 식민지 약탈 위에 세워진 것이다. 다행히 잉카는 빼앗겼던 나라를 모두 되돌려 멈췄던 역사를 다시 잇고 새로운 평화와 번영을 누리고 있다.

　어느 TV 방송사가 남미의 안데스 산맥을 종주하면서 잉카 문명의 흔적을 답사하는 르포를 방영한 일이 있다. 페루 고산 지대의 생경한 경관과 황량한 고원의 움집에서 그들만의 문화를 지키며 평화롭게 살아가는 인디오들은 마냥 행복해 보였다. 해발 3천 300미터의 티티카카호 수 위에 떠 있는 우로스섬의 수상 움집, 말린 감자 몇 알과 갈대 마당

구멍에서 막 낚아 올린 붕어 만찬상은 무척 인상적이었다. 부족하지만 넉넉해하는 인정은 너무나 순박하여 마냥 행복해 보였다. 생김새가 다르고 말이 통하지 않아도 인류의 조상은 하나임을 증명하는 듯하였다. 힘의 문명이 지배하기 이전 세상은 이렇듯 때 묻지 않은 눈부신 유산으로 남아 유네스코가 특별 보호를 하고 있다고 한다.

여행자에게 베푼 잉카 후예들의 호의가 남다르게 보이는 것은 같은 피지배의 상흔을 가졌다는 동병상련일 것이다. 마을 뒤 산꼭대기에 만들어 놓은 그들 특유의 신에게 올리는 제단 앞에도 여행객은 안내되었다. 일 년에 단 한 번 있는 제사 때 말고는 금단의 장소이지만 마을의 제사장이 직접 안내하는 배려는 이례라고 한다. 나뭇잎과 꽃잎의 제물을 정갈하게 정돈하여 접시에 차리고 두 손을 모아 술잔을 올렸다. 마을의 평안을 빌 듯, 빈객의 여행 장도를 빈 다음 제물을 정성껏 불살랐다. 훨훨 타오르는 연기에 제주가 비는 염원을 실어 하늘에 닿게 하니 신은 끝까지 객의 안전한 여행을 보장했을 것이다.

황후가 난도질당하고 빼앗겼던 한반도에는 약탈에서 환원이 있기는 했어도 미완의 어설픈 것이어서 도둑의 발자국을 지우느라 아직도 씨름 중이다. 유럽이 저지른 잉카의 약탈과 환원은 있었지만, 일본이 저질렀던 한반도의 그것은 아직도 미완인 것이다.

섬나라 일본은 일찍 서방의 수법을 발 빠르게 잘 흉내 냈다. 메이지 유신으로 산업화의 터를 잡고 이웃 대륙 국가들을 약탈하려다 충돌하고 말았다. 약탈은 자본에만 그치지 않고 징용과 위안부 같은 인간 약탈에도 서슴없어 역사에 전례가 없는 오점을 남겼다. 그리 하고도 그들은 산업화 역사를 자랑하고 싶었던가 보다. 이른바 하시마(일명 군함도軍艦島)탄광을 산업 문화 유산으로 유네스코에 등재를 신청하면서 구린 과거를 감추려고 발버둥을 쳤다. 탄광 가동이 절정이었던 2차 세계전쟁 기간과 식민 약탈 기간은 쏙 빼고 1850년부터 1910년까지의 기간만 한정하려 하였다. 강점과 약탈을 숨기고 분절의 역사 뒤에 숨으려다 들킨 것이다. 감춘다고 없어지랴. 비굴하고 간교하다.

호수 위의 뱃머리에 앉아 한가로이 뜨개질에 몰두하는 인디오 남정네는 더없이 행복하다. 뜨고 있는 원색 실 모자의 모양은 그들 사회의 신분을 상징하고, 허리띠의 오각형 문양은 그들 신을 상징한다며 자부심이 대단하다. 능숙한 뜨개질 솜씨와 갈대 마당의 구멍으로 물고기를 잡아 올리는 솜씨로 동네 여인들에게는 대단한 인기란다. 누리는 평화는 일상이고 영원하여 다시는 빼앗기지 않을 것이다. 행복은 오직 평화의 나무에서만 열리는 열매인가 보다. 왕국이 한때 찬탈 되었더라도 되돌려 받은 지금의 후예들이 누리는 세상은 한없이 아름답다. 약탈이 야만이고 저주이기는 해도 그걸 환원해 놓으면 여전히 축복이다. 안데스의 축복이 백두대간에는 왜 없는지 모르겠다.

영욕榮辱

　　　　　신록의 유혹에 끌려 600년 도읍의 외곽, 홍릉 수목원에 발길을 들여놓는다. 숲속의 청량과 여유는 머릿속을 가득 메운 안개를 거뜬히 걷어낸다. 귀에 익은 새소리를 따라 꾸불꾸불 오솔길 발걸음은 구름처럼 가볍다. 끝인 듯 막바지의 가파른 계단에 올라서니 납작한 평지가 나타나고, 팻말 하나 서 있다. 거기가 '홍릉 터'란다. 비운의 조선왕국 26대 황제의 비, 명성 황후의 능침이 있다가 옮겨간 자리다. 계단을 올라 가쁜 숨을 돌릴 겨를 없이 심장이 쿵쾅한다. 긴장 끈을 잡아당기는 소리다.

　열여섯 나이에 왕의 비로 간택된 것이 영예이기는 했지만, 실권을 거머쥔 시부와 척족의 대립으로 비운의 씨앗은 진작부터 잉태되어 있었다. 시부媤父와 정적이 된 며느리, 권위 잃은 왕권, 권력에 눈먼 신하들, 열강의 각축을 불러들이기에 안성맞춤이었다. 황실의 비로 권부의 중심이었던 것과는 달리 불혹을 겨우 넘긴 나이에 당한 치욕은 인간 무상을 말하여 가슴이 아리다.

　무참히 칼질 당하고 거적때기에 싸여 불태워졌던 여름날 만행을 하늘이 그냥 내려다보고 있지는 않았을 것이다. 왜란 때는 왕가의 능을 파헤치더니 살아 있는 황후에게까지 만행을 저지른 야만은 왜인의 오랜 버릇에서 왔던가 보다. 처참한 사후에도 두 해나 넘기고 치른 장례, 폐비와 복위의 수난, 흔적만 수습해 마련한 무덤마저 영면의 자리가 되지 못함은 인간 무상에 권력 무상이 더해져 서글프기 가없다.

　능터 앞 나무 그늘에 걸터앉아 프랑스 혁명 때의 마지막 황제비, 마리 앙투아네트의 마지막을 연상한다. 타락한 절대 왕권에 저항한 혁명 거사에서 제물이 된 황제의 비다. 누리던 권력을 지키려 4년 동안 피비린내 나는 살육전으로 버티지만 끝내 단두대에 목을 내놔야 했던 부군, 루이 16세 왕. 서른일곱 나이에 타락한 권력에 스쳤던 죄만으로 권력자의 뒤를 따라야 했던 마리 황후! 절대다수의 서민이 허리 휘며 내는 혈세로 향락에만 젖어 흥청대는 소수 귀족을 향한 응징은 그렇도록 잔인할 수밖에 없었다.

　타국의 막내 공주가 억지의 연으로 이국 왕실에 온, 겨우 열네 살의 새아씨가 세상 물정을 알면 얼마나 알았을까. 권력의 늪에 빠지면 타락의 유혹은 끝이 없어 지키는 권력에 멈추지 못하고 무한의 키우는 권력으로 치닫기만 하는데, 혹세무민의 병은 그 틈새에서 자랐다. 출가한 여인이 시가에서 난관에 부닥치면 친가를 흠모하게 된다. 몰래 국경을 넘으려다 치욕의 형장으로 끌려가며 남긴 여인의 한 마디가 태산처럼 울리며 여기 능터를 맴돈다. "불행 속에서야 겨우 인간은 자기가 누구인가를 알 수 있습니다." 비운의 권력자가 이들뿐일까만, 영화를 누리던 왕조의 퇴조가 백 년 터울로 닮아서 자꾸만 눈앞에 겹쳐진다. 우국의 한으로 새벽잠 설치던 침소의 치욕은 허접한 권부가 부른 말로였다는 데서도 마리 앙투아네트 왕비와 같다. 권력은 마약인데도 끝없이 탐했다는 것도 판박이다.

  황후의 자리가 영예롭다 해도 끄트머리의 길은 치욕이었듯, 천장遷葬한 흔적도 흉흉하다. 삐딱하게 누운 경사면에 자그마한 팻말마저 없었더라면 손바닥만 한 그 자리가 오백 년 왕국의 재위 44년 황후의 무덤이 있던 자리라고는 믿지 않는다. 여윈 소나무 한 그루가 표지석 옆에 서서 외로운 듯 지키고 서 있다. 죽음 앞에서 마리 비가 말했던 "당신이 누구인지" 망령은 알았을까. 허망한 마음으로 한참을 더 바라보자니, 볼품없는 저 소나무의 외침이 가슴을 크게 때린다. "약소국이라서 당했던 왕국의 수모를 후대는 기억하라."

전쟁 본능

지금 이 순간에도 지구촌 어딘가에는 인명 살상과 문명을 파괴하는 전쟁이 뜨겁다. 평화를 외치면서도 짐짓 전쟁을 포기하지 못하고 있는 인간은 왜 그럴까? 큰 평화를 위하여 작은 평화는 희생해야 한다며 전쟁을 합리화하려 하지만 평화의 크고 작음의 기준은 어디에도 없다. 수천 년의 전쟁 역사를 연구해온 이스라엘의 크레펠트Martin Van Creveld는 전쟁의 원인을 인간의 묘한 심리적 내면에서 찾으려 했다. 나아가 그는 전쟁 자체를 문화의 한 영역으로까지 본다. 인간은 근본적으로 전쟁을 즐기는 본성이 있다고 하면서 전쟁 소멸은 불가능하다는 듯 말한다(『전쟁본능The Culture Of War』, 이동훈 역, 살림). 인간이 비극의 전쟁을 포기하지 못하는 속내가 본능 때문이라는 그의 주장이 허황한 것 같지만 호기심을 자극한다.

사람은 위험에 처하면 엄청난 양의 도파민과 아드레날린이 분비되어 흥분한다. 목숨을 위협하는 전쟁보다 더 위험한 일은 없다. 처절한 저항에 맞서 싸움으로써 희열을 느낄 수 있게 되고, 규칙에 얽매일 필요도 없이 살육과 파괴에서 무한한 자유를 누릴 수 있다. 교전에도 규칙이 있기는 하지만 적의 생명까지 짓밟아도 되는 자유가 주어지니 규칙 따위에 얽매일 필요를 느끼지도 못한다. 지휘관의 명령은 형식일 따름이고, 그걸 넘어서는 자유(?)도 용맹으로 미화되어 훈장으로 보상받을 기회도 주어진다. 크레펠트의 이러한 주장은 인간의 자유 본능이 전쟁 범죄의 주범이라는 말이다.

상대의 저항을 압도하는 즐거움은 동시에 성적 흥분을 유도한다. 저항을 압도하는 가장 확실한 방법은 빈항하는 상대를 죽이는 거다. 끔찍하지만, 상대를 죽여 나의 성적 만족을 채운다. 고대 로마의 권력자는 죄수를 원형 경기장에 세워놓고 맹수나 죄수끼리 결투하게 하여 상대를 죽이게 했다. 더 잔인하게, 그리고 더 확실하게 죽일수록 관중들은 환호했고 권력자는 대리 만족을 누렸다. 인명 살상도 권력자에게는 성적 놀이일 뿐이다. 성도착증의 질병이나 강간 살인의 범죄 심리를 이런 데에서도 확인할 수 있다. 성적 본능이 전쟁 범죄의 공범인 셈이다.

유혈에는 반드시 파괴가 따른다. 건설만큼이나 파괴도 인간은 좋아한다. 어린아이들은 레고 놀이에서 애써 쌓아 올려 완성한 성곽에 무척 즐거워한다. 하지만 그걸 허물어뜨리는 파괴의 순간에는 더 크게 환호하는 장면이 이를 잘 설명해준다. 폭군 네로는 로마를 불태우면서 환희에 빠졌다. 불꽃 속에 사라져가는 거대 도시를 바라보며 폭군의 파괴본능이 희열을 느꼈을 것이다. 파괴가 괴로움이라면 결코 그러지는 못한다. 이래저래 인간은 전쟁을 저주하면서도 전쟁을 사랑하는 것이 가능한가 보다. 적어도 전쟁에 앞장서고 싶어 하는 절대 권력자에게는 확실히 그럴 것이다. 파괴 본능이 전쟁 범죄의 또 다른 공범 중 하나다.

중동의 어느 집단은 종교의 신성 가면을 쓰고 무차별 살상과 파괴를 일삼는다. 수천 년 동안 소중히 가꾸고 보존했던 찬란한 문명 시설을 해머로 무너뜨리면서 열광하고 납치한 인질들의 목을 칼로 내려치면서 미친 듯이 환호한다. 크레펠트의 전쟁 본능에 수긍이 가나가도 인면수심의 이런 만행에 이르면 전율을 멈출 수 없다. 신은 누구에게도 이런 포악을 허용하시지는 않았을 것이다.

맹자孟子는 '성선性善'으로, 순자荀子는 '성악性惡'으로 인간 본성을 말했다. 크레펠트의 전쟁 본능은 성악의 편에 든다. 굳이 전쟁을 하나의 문화 영역으로까지 본다고 하면, 분명 악의 문화이고 저주받을 흉물이다. 다행하게도 순자는 악의 본성도 선하게 만들 수 있다고 했다. 그 악의 뿌리가 한 권력자 개인이 아니고 거대한 집단일 때도 마찬가지다. 큰 악은 큰 교훈으로 선도할 수밖에 없을 것인데, 지구촌 모두가 악의 순화에 나설 수밖에 없다.

유네스코는 헌장에서 이렇게 천명하였다. '전쟁은 인간의 마음에서 비롯되는 것이므로 평화를 지키는 것도 인간의 마음에서 비롯되어야 한다.' 악의 편에 서서 거기가 하늘 아래 제일의 선이고 최선의 정의라고 우겨대는 측도 스스로 그들의 마음을 들여다볼 수 있도록 일깨워야겠다. 마음의 방향이 전쟁 쪽이라면 평화 쪽으로 방향을 바꾸는 일이 그리 어렵지는 않을 듯도 하다. 만사는 마음먹기에 달렸다고 하지 않던가. 한반도의 전쟁 본능 실험도 6·25전쟁 한 번이면 족하다. 더 큰 악의 유혹에 빠지기 전에 선의 세상을 바라볼 수 있도록 하는 묘책이 필요하다. 크레펠트가 말하는 전쟁 본능은 분명코 악의 본능이다.

난세 영웅 출 亂世 英雄 出

"나는 목숨도 원하고 의로움도 원한다. 둘 중 하나를 택하라면 목숨을 버리고 의를 택하겠다." 이른바 맹자孟子의 사생취의捨生取義다. 개인私은 사회公 안에서 다른 개인들과 공존한다. 그러므로 공공의 이익은 항상 개인의 이익에 앞선다. 공은 사의 희생을 먹고 사는 것이다. 공인公人은 이 규칙이 지켜지도록 봉사하는 의무를 진다. 공선 사후公先 私後의 지붕 아래에서 사회는 조화를 이룬다. 그 지붕을 버티는 대들보와 기둥이 사생취의 정신이다. 의롭다는 말은 곧 부분을 버리고 전체를 위한다는 의미다. 하나뿐인 생명까지 바쳐 의를 행한다는 것이 아무나 할 수 있는 쉬운 일은 아니다. 지도자는 대의를 위해 사를 버리고 공의 길만을 걷는다. 그래서 그는 늘 고독하다.

근세의 큰 위기의 순간에 역사를 이끈 지도자 중에 '사생취의' 했던 두 영웅을 생각한다. 미국의 루즈벨트Franklin D. Roosevelt 대통령과 영국의 처칠Winston Leonard Spencer Churchill 수상이다. 둘의 매력이자 공통점은 예지력과 결단력이다. 얽힌 상황을 단순화하여 꿰뚫고 선택한 정책은 항상 최적의 것이 되었고, 단호한 결단과 거침없는 실행은 적시성으로 성공 효율을 높였다. 정확한 미래 예측은 시행착오의 실패도 막을 수 있었으니 지도자의 결정은 곧 대성공이었다. 생을 사하였기에 가능했던 지도력이다. 그랬기에 국민은 신뢰로 보답했다. 자본주의 경제 체제가 위기였던 경제 대공황을 거뜬히 극복하고 제국주의의 약소국 침략을 물리친 세계 대전을 승리로 이끌었다. 오늘의 번영에 그 둘의 공은 필수였다.

  1930년대의 경제 대공황 때, 미국의 최대 실업률은 30%였다. 국민총생산이 3분의 1로 곤두박질한 경제는 국민을 절망 속에 몰아넣었다. 장애의 몸으로 대통령 책무를 맡은 루즈벨트는 "우리가 두려워할 것은 오직 단 하나, 두려움 그 자체뿐이다."라고 외치며 절망에 빠진 국민에 용기를 불어넣었다. 기존의 자유 방임 경제 체제를 과감하게 내던져버리고 국가 개입의 새로운 경제 질서의 길을 택하여 나라를 부흥의 반석 위에 올려놓았다. 미국 역사상 네 번의 대통령 연임 기록을 세운 그의 지도력은 결코 인기에 영합한 우연한 결과가 아니었다.

  영국의 처칠이 수상에 오른 것은 제2차 세계대전 초기의 1940년이었다. "그들은 결단력을 표방하면서 결정을 내리지 못하고, 용단을 말하면서 우유부단하며, 철석같은 결의가 있다면서 비틀거리지만, 무능하다는 점에서는 전능하다." 사분오열된 정치권을 향해 수상이 쏟아붙였던 불꽃 힐난이다. 끝내 연립 내각을 끌어내어 루즈벨트와 손잡고 세계

대전을 승리로 이끌었다. 1951년에 재임 수상이 되었던 일도 루즈벨트의 연임과 닮은 데가 있다. 난세가 두 영웅을 낳았다.

두 거두의 치적 중에는 대서양 헌장Atlantic Charter을 놓치면 안 된다. 1941년 8월, 대서양의 전함 웨일즈호The prince Of Wales 선상에서 선언한 종전 후의 새로운 세계 질서 원칙이다. 전쟁 중에, 그것도 언제 끝날지도 모를 종전 후의 문제를 미리 설계하다니! 두 당사국만의 문제도 아닌 세계의 질서 구상은 범상을 한참 뛰어넘는다. 약소국의 주권과 영토보장이나 인권과 생명보호 같은 헌장의 여덟 개 요강은 종전 후에 탄생한 유엔의 기본 이념으로 고스란히 이어져서 오늘에 이른다. 루즈벨트는 종전 직전에 급서하고 처칠도 종전 때는 임기가 끝나 현직에는 없었다. 그들이 아니어도 세계는 그들의 예측과 구상대로 굴러갔다. 지도자의 힘은 지구를 들어 올려 공전의 궤도를 바꿔놓을 수도 있을 것이다.

지구촌의 동쪽 끝 반도가 요동치고 있다. 격랑 속의 난파선처럼 방향을 잃어 선장이 항로를 잃은 듯하다. 안팎이 이즘 같이 난세일 때도 흔하지 않았는데, 모두가 저 잘났다고 떠드는 소아들의 이전투구만 있을 뿐 의를 당당하게 말하는 이 보이지 않는다. 영웅이 난세일 때 나왔으니, 반도의 남쪽 어디에서 의義의 영웅 하나 불쑥 나오지 않으려나. '세한歲寒에 송백松柏을 안다.'고 했다. 그리 큰 송백이 아니더라도 족할 것이다. 송백 하나 볼 날이 언제이려나. (2019년 어느 날)

쌓은 지식이나 경험이 많다 하여 다 어른이고 스승이 되는 것은 아니다. 순수와 순리 위의 경험이라야 스승일 수 없다. 나의 흐려진 가슴을 쓸어주던 사슴 아이 눈빛이 영영 흐려지지 않았으면 좋겠다.

- 「스승」 중에서

3부
반성

스승

집 앞 좁은 도로의 횡단로에 교통 신호등이 세워져 있다. 차량 통행이 빈번하지 않아서인지 사람들은 신호를 무시하고 아무 때나 마구 건너다닌다. 다들 건너는데 혼자 서서 신호를 기다리면서는 외로울 때가 많다. 왜 신호등을 세워놓았는지 의문이 생길 때도 있다. 어느 날, 늘 하던 데로 그냥 가로지를까 하는데 놀랄 일이 벌어졌다. 어느 아버지와 두 아이, 일행 셋이 도란도란 이야기를 나누며 당도하더니, 나이 위로 두 부자는 정지 신호를 무시하고 유유히 그냥 건너갔다. 그러나 유치원생으로 보이는 꼬마 아이는 말뚝처럼 우뚝 서서 녹색 신호 나오기를 기다렸다. 먼저 건너간 둘이 맞은 편에서 뒤의 꼬마를 보고 빨리 건너오라고 성화다. 놀란 사슴 눈의 어린아이가 내뱉는 말, "어린이 교육을 어떻게 하는 거야!"

"세 사람이 길을 걸으면 그중에는 반드시 나의 스승이 있다. 그의 착한 점을 따라 하고, 나쁜 점은 살펴서 스스로 고쳐야 한다三人行 必有我師

焉. 擇其善者而從之, 其不善者 改之." 공자의 말씀이다. 길을 가는 셋의 가족 중에 스승은 가장 나이 어린 막내였다. 아버지와 큰 아이는 그런 걸 배우지 않아서, 아니면 몰라서 바른 행실이 아니었을까. 아마도 꼬마는 유치원 선생님이나 어른들로부터 무엇이 옳은 일인지를 배웠을 것이다. 몰라서 저지른 과 오는 법정에서도 참작하지만, 알고 저지른 고의는 벌을 더 준다. 올바른 행실이 자라면서 점점 나쁜 행실로 때 묻는 사람의 본성을 설명할 때, 성선설을 말한다. 가르치고도 실천하지 않는 죄는 배우고도 실행하지 않은 죄보다 훨씬 더 무거울 것이다.

가까운 벗들이 만나 승용차로 나들이할 때가 가끔 있다. 그중에 농담 좋아하는 이는 변두리의 한가한 교차로에 멈춰 서서 신호 기다리는 것을 그냥 안 넘긴다. '교통은 소통'이라며 그냥 지나가자고 재촉하는 것이다. 화로에 엿을 얹어 두지는 않았어도 조급증이 나는 건 숨길 수가 없다. 더구나 옆 차선의 다른 차가 쌩쌩 지나 가버릴 때는 경주에서 뒤처지는 것 같아 입맛을 다시곤 했다. 이렇게 약삭빠르게(?) 굴다가 물었던 교통 범칙금만 해도 제법 된다. 다행히 집 앞에서 깨달은 꼬마 스승의 선행 이후로는 범칙금 통보는 오지 않는다. 규칙은 약속이고 구성원들의 약속에 따라 사회는 유지된다. 루소와 홉스가 말한 사회 계약론이다. 부부도 혼인 약속을 굳게 지키며 일생을 같이한다.

"어린아이처럼 낮아져라." 그리스도의 말씀이다. 자기를 낮추는 겸손은 순수하지 않으면 불가능하고, 겸손하지 않으면 어진 이도 못 된다. 교묘히 만든 말과 보기 좋게 꾸민 얼굴에는 어진 마음이 드물다. 억지로 꾸민 겸양은 위선일 뿐 멀리 가지 않아 들통난다. 우리나라의 어린이 헌장에 '어린이는 우리의 미래이며 소망'이라고 선언했다. 가을 하늘같이 초롱초롱한 어린이의 눈은 순수에서나 가능하다. 어느 시인은 어린이를 이렇게 말하였다. '불타는 성격이지만 기다릴 줄을 알고, 수다스러운 것 같지만 늘 실없는 말만 하는 것도 아니다. 남을 이해하고 미워하지 않을 줄도 알며 울고 싶을 때 언제든지 울 수 있을 만큼 가슴에는 눈물도 많다.' 이 모두 때 묻어 순수하지 못한 어른들이 따라 하지 못 하는 일들이다.

어머니의 뱃속은 우주의 신비다. 그건 곧 순수이고 순리의 세계다. 어린이는 아기 때부터 어머니와 가장 가까이서 자란다. 동물도 다 같다. 갓 태어난 아기일수록 눈은 티 없이 맑고, 맹수의 새끼라 해도 포악성은 찾을 수 없다. 야수도 그냥 아기 사자이고 아기호랑이일 따름이다. 자라면서 점점 다른 경쟁자와 다투다가 끝내 상대를 잡아먹고 맹수의 자리에 올라선다. 아기 사자가 맹수로 되어 가는 길은 순수가 오염되는 과정이다. 자연에서 적자생존은 지나치게 잔인하다. 생물의 세계에 공생의 순리만 있다면 지금의 세상과는 전혀 다른 세상일 것이다.

아비가 자식에게 실수를 인정하는 일은 난처한 일일 수도 있다. 어른을 따라 배우며 아이는 어른이 되는데, 삼부자가 나들이에서 돌아와 도란도란 둘러앉을 자리에는 교통신호를 무시했던 아비의 반성이 꼭 있어야 할 것이다. 쌓은 지식이나 경험이 많다 하여 다 어른이고 스승이 되는 것은 아니다. 순수와 순리 위의 경험이라야 스승일 수 없다. 나의 흐려진 가슴을 쓸어주던 사슴 아이 눈빛이 영영 흐려지지 않았으면 좋겠다. 어린이가 존경의 대상으로 걸어온다. 그림자도 밟지 말 일이다.

강보襁褓의 과학

　　　　　　　　태아胎兒는 자궁을 우주로 하고 탯줄로 전해지는 엄마의 심장박동과 숨결을 들으면서 자란다. 태어난 아기는 강보에 싸여 엄마 품에서 젖꼭지를 물고 뱃속에서 들었던 엄마를 확인하며 세상을 배운다. 강보의 아기는 업혀서도 엄마의 체온을 느끼며 어깨너머의 세상일을 일일이 기억 속에 저장한다. 태아와 엄마 사이에 자궁과 탯줄이 있듯, 태어난 아기와 엄마 사이엔 강보가 있다. 강보는 유소년을 거쳐 어른으로 가는 가교 일을 한다. 아기는 엄마를, 엄마는 아기를, 서로 듣고 보고 느끼는 청진기의 일을 강보가 하는 것이다. 청진기가 없는 의사는 환자를 앞에 놓고 무척 답답해할 것이다.

　　요즘에는 포대기로 엄마 등에 업혀있는 아기 보다 유모차에 실려 건들건들 끌려다니는 아기들이 대세가 되었다. 유모차에 실리면 엄마와의 스킨십은 멀고 체온의 젖꼭지 대신 딱딱한 우유병을 물고 미풍조차 금지된 밀실의 차양 속에 갇혀야 한다. 엄마의 표정을 못 보고 숨소리도 들리지 않으니 아기가 엄마의 사랑을 헤아릴 수 있을는지. 태중에서 듣던 엄마의 심장 소리나 숨결도 잊어버릴 것만 같다. 유모차의 차양이 바깥세상 학습 기회를 막아 버리는데 무얼 보고 사물을 배울는지 모르겠다. 고독한 인생 독학의 시작이 아니었으면 좋겠다.

서양에서 전래한 유모차가 편의품이기는 하지만, 거꾸로 서양 사람들은 옛날 우리의 포대기에 관심이 많단다. 심리학적으로나 정신의학적으로 이상적인 육아 도구라는 것이다. 아기의 골반에 문제를 일으킨다 하여 포대기를 버리고 유모차를 선택하기도 한다지만, 힘들이기 싫어하는 어른들의 변명이나 아니었으면 좋겠다. 오히려 골반 형성에 도움을 주고 정신 발달에도 좋다고 하니 말이다. 아기의 인성 발달에 좋고 성장에 도움을 주는 포대기가 유모차보다는 훨씬 더 과학이라는 결론이다. 포대기를 통해 아기를 가르치고 엄마를 배우며 세상을 익힌다면 과학임에 틀린 말이 아닐 것이다.

백수百獸의 우두머리, 사자에게는 자기보다 훨씬 덩치가 크고 억센 짐승을 너끈히 해치우는 사냥 기술을 가지고 있다. 먹이 사슬의 맨 윗자리를 누리게 된 것은 어른 사자에게서 전래 되는 사냥 기술 때문이다. 갓 태어난 새끼들도 동굴 속에서 어미젖만 빨고 있는 것이 아니라 어미가 사냥 나간 혼자 시간에 고독과 배고픔을 참는 훈련을 쌓는다. 언덕 위에 남겨진 새끼들은 멀리 지평선을 바라보며 어미의 사냥 기술을 하나도 놓치지 않고 익힌다. 은밀히 먹잇감에 접근하고, 도망갈 퇴로를 차단하며, 지름길로 내달아 일격에 급소를 물고 늘어져 숨통을 거두는 절묘한 기술을 배운다. 생존과 도태는 사냥에 달려있으므로 물어다 주는 고기 맛을 즐기는 새끼들은 어미의 사냥 기술을 함께 음미하는 것이다.

인수人獸 불문하고 성장과 생존을 이어주는 일은 본능이자 의무이다. 새끼는 어미와 부대끼면서 그 본능과 의무를 은연중에 물려받는다. 견학과 실전을 통해 이루어지는 전수 과정은 과학적이고 신비롭기까지 하다. 사람의 육아와 양육 방식이나 새끼 사자의 사냥 기술 습득이 모두 그렇다. 전래하는 방식과 기술을 함부로 바꾸는 일은 과학을 거부하는 일일 수 있어 난관을 맞게 될지도 모른다. 사자의 삶을 바꾸는 일은 백수의 윗자리를 내놓는 일일 수 있고, 사람이 포대기의 과학을 거스르는 것은 영장靈長의 지체遲滯를 불러올지도 모른다. 엄마의 자궁 속이 우주과학이라면 강보의 신비는 과학, 그 이상이다.

담장

　　　　　어릴 적 시골의 나지막한 토담은 호박 넝쿨이 발 발 기어오르고 참새와 제비들이 옹기종기 모이는 놀이터였다. 나 니는 이웃들이 집 안을 들여다볼 수도 있고, 집 안에서도 바깥을 내다 볼 수 있도록 담장은 적당히 높았다. 양지쪽에 개구쟁이들이 소꿉장난 할 때 우체부 아저씨는 사립문 대신 담장 너머로 편지를 건네주고 갔 다. 옆집의 별식이 오가고, 앞집에서 꾸어온 돈도 담장 너머로 주고받 는 무상 통로였다. 빗물 흘려보내고 강아지 드나드는 모퉁이의 개구멍 은 그 옛날 개구멍받이 전설도 서려 있었다. 담장이 경계의 표식이지 만 금지가 아니라 공유의 통로였으니, 지금의 철벽같은 분리 담장과는 족보의 갈래가 다르다.

　언제부터인지 철벽 담장이 슬그머니 철새로 오더니 토담을 차내고 텃새처럼 되어버렸다. 사방의 철벽이 이웃집을 막더니 안방 구들목까 지 파고들어 마님 행세한 지가 꽤 된다. 어른 따로 아이 따로, 부모 따로 자식 따로, 너와 나 따로따로, 수평 수직 안 가리고 구획의 벌집 세상이 되어 버렸다. 방 안은 숨소리도 새 나가지 못하는 진공의 가두리다. 쌓아 올린 철벽이 하도 튼튼하니 바깥은 나 몰라라 해도 되고, 나만 있고 우리가 없으니 솔로만 있고 코러스가 없다. 특실의 나 홀로 공간에 토담의 그림자조차 사라진 지가 오래고 살벌한 벌판에는 불꽃만 튄다. 오로지 홀로의 영역을 위해 사생결단하는 에고Ego의 서글픈 전성이다.

중국의 만리장성은 유구하고 웅대하기로 으뜸인 철벽 담장이다. 지구가 주먹만 하게 보이는 우주에서도 뚜렷이 보일 만큼 거대하다. 진나라 시황제가 시작한 이 철벽 담장은 동서 대륙을 가로지르는 별종의 기형 담이다. 기왕의 손에 넣은 땅을 지키려고 쌓았지만, 성 밖의 드넓은 지평선을 포기하고 스스로 방패 안에 갇혔다. 방패로 흉노를 막았지만, 중원의 세력을 확장하는 창을 포기하고 이웃과는 영토 분쟁을 낳았다. 천하를 얻었으니 더 얻을 것이 없다 하고 일만 리에 쌓은 담이지만, 후세의 중국에서는 허물 수도 없는 원망과 저주의 대상이 되고 말았다.

세계 최강국 미국의 대통령은 이웃 나라와의 국경선에 담을 쌓는다고 야단이다. 대양의 고래가 아니라 우물 안의 개구리가 되겠다는 천명이다. 실현되는 날에는 기원전의 중국판 장성이 현대의 아메리카에 나타나 우주에서 지구를 바라볼 구경거리 하나가 더 생기게 될 것이다. 교류의 득과 분리의 실은 역사가 이미 말했는데도 그런다. 거기 말고도 세계만방에도 수많은 담장을 벼르고 있으니 철벽의 우물이 집 나서면 밟히게 생겼다. 중국의 장성에는 맹강녀孟姜女 전설이 애처로운데, 그 피의 전설이 아메리카에 재현될까 걱정이다. 혈세를 쓴다 못쓴다 하고 다투니 그렇다. 그의 '아메리카 퍼스트America First'가 '아메리카 프로그 America Frog'는 아니었으면 좋겠다. 본디부터 무주공산의 담장 없는 대륙이었으니 쌓더라도 한국형 옛 토담 정도면 어떨까.

  인간 욕망의 시작과 끝은 아무도 모른다. 고고성을 터뜨리며 태어나는 아기는 두 주먹을 불끈 쥐고 나온다. 잉태 순간에 주어진 우주를 내놓지 않겠다는 각오이자 생의 출발선에 선 주자의 포부일 것이다. 끝 모르는 욕망이 손안의 토담으로는 부족이어서 요지부동의 철벽을 쌓아 올려 전유專有를 노리려 한다. 벽은 끝내 광대무변의 바깥세상을 가로막고 스스로 이카로스 새가 될 위험에 빠트렸다. 출생 때 각오하고 일생 분투하며 바벨탑을 쌓지만, 빈손 놓고 눈 감을 때에야 비로소 무모와 공허를 깨닫는다. 혼자서만 지배하려 했던 우주 욕망의 허상을 생의 끝에 가서야 보게 될 것이다. 다람쥐가 도토리밭에서 턱밑에 감춘 도토리에만 만족해도 족제비에게 잡아먹히지는 않을 것이다.

외발 비둘기

　　　　　　　　마을버스 정거장에 나른한 오후 시간이 졸고 있다. 나들이 귀갓길의 후줄근한 다리를 잠시 쉬어 가야겠다. 늦봄 햇볕이 따가워 상가의 그늘 난간이 삼삼오오 한가롭다. 난간 끄트머리 빈자리 쪽으로 어정어정 걸어간다. 한데, 자리 예측은 오판이었다. 비둘기 한 마리가 먼저 차지해 있다. 짙은 회색 털이 난간 색과 닮아 가까이서 잘 살펴야 보인다. 맙소사! 그 비둘기는 외다리다. 어쩌다가…?! 요리조리 한참을 살펴보지만, 한 다리가 맞다. 다리 부러졌을 때는 하늘이 무너졌겠다. 성한 두 다리였다면 얼른 자리를 비켰을 테지만, 외다리라서 미동도 못 하고 새침한 눈으로 오히려 도도하다. 다리 잃는 고통을 이겼으니, 차지한 자리는 거저 온 횡재가 아니라 당연히 누려야 할 보상이리라.

　　무리 중 길바닥의 다른 것들은 모이 쪼느라 바쁜데, 외다리에 의지해 고개만 갸웃갸웃 허기를 호소하는 듯하다. 외다리를 바라보는 양다리

마음이 울컥하려 한다. 가엾은 것! 오죽이나 답답하랴! 때마침 노점의 강냉이 찜통에서 푸- 하고 김이 솟는다. 기다리던 버스가 오지만 비둘기 구호가 먼저다. 강냉이 꾸러미를 들고 잰걸음으로 낱알을 한 줌 발라 부리 앞에 대령한다. 아차! 이 무슨 조화인가! 별안간 외다리가 양다리로 되더니 손바닥의 강냉이를 우악하게 낚아채는 것 아닌가! 때를 기다렸다는 듯, 새하얀 정장의 동료 하나가 후드득 날아와 합세하더니 날개를 늘어뜨리고 뱅글뱅글 춤사위까지 뽐낸다. 비둘기야! 비둘기기 감히 학 다리를 하고, 강냉이 선심을 비웃기나 하는 듯, 가히 뻔뻔스럽구나! 네놈이 감히 사람에게 최면을 걸다니, 난간 자리는 과분한 횡재였군! 예끼 고얀 놈!

　사람의 깊은 가슴 밑바닥은 측은지심이다. 약자를 배려하는 이 마음 씀씀이가 발로하면 적선이고, 커지면 자선이다. 이웃 손길이 필요한 약자는 언제 어디에나 있기 마련이니, 적선은 아무리 장려해도 모자랄 일이다. 눈에 띄지 않는 약자들은 곳곳에 숨어 있다. 사람도 장애인은 활동에는 약자다. 하지만 이들을 도울 때는 꼭 지켜야 할 범절이 하나 있다. 이를테면 휠체어를 밀거나 흰 지팡이를 안내하려면 미리 의사를 타진하고 도와야 한다. 혼자서도 할 수 있는 일을 우적우적 돕거나 필요 이상으로 넘치면 자존을 건드리는 가시가 될 수 있다. 필요한 만큼만 주고받는 이런 마음씨를 양심이라고 한다. 비둘기 같은 금수에는 없는 마음씨다.

　한동안 지하철 찻간에서 적선을 요구받는 일이 가끔 있었다. 불우했던 위인의 성장기를 베낀 듯, 즉석 편지를 뿌리며 동정해 달라 하기도 하고, 포장이 닳은 소품을 돌리며 팔아달라고도 했다. 형편 따라 내는 세금이 있지만, 그걸로는 나라님도 역부족인 모양이다. 구구절절 사연이니 적선을 망설일 수가 없었다. 그들 뒤에 엉큼한 그림자가 있다며 외면하라는 지인의 충고를 들었지만, 콩나물값 아낀 돈으로라도 쾌척해야 마음이 편했다. 일수 금액이 상당하지만, 저녁에 자기 손에 쥐는 돈은 십 분의 일도 안 된단다. 그 말 들은 뒤로는 작은 적선이라도 머뭇거릴 때가 있었다. 사람도 가짜 외발을 하는 요지경이니 비둘기의 외발 위장은 고목에 미풍도 안 되는구나 싶었다.

  뒤늦은 버스에 올랐다. 움직이는 차창에 최면의 시말^{始末}이 다시 뜬다. 외발의 정수리에 하늘하늘 뽀얀 깃털을 단 꼴이 마치 투구 쓴 로마 병사 같았다. 일족의 우두머리로서 뽐내는 암컷일 테고, 왈츠 아양을 떨었던 흰 놈은 수컷 중에서 난 놈이었을 것이다. 짐승들은 '갑'인 암컷에게 환심을 사려고 '을'의 수컷들이 모양과 행동에 요란을 떤다. 잘 난 갑이 수하들에 떠받혀 먹이를 얻고 눈에 드는 을을 골라 후손을 이을 계책이었나 보다. 편히 앉아서 쉽게 먹이 얻고 짝까지 간택했으니, 외발의 오늘은 크게 횡재한 날이었다. 깜박 속은 얼간이 행인도 종의 번식에 일조했으니 저무는 하루도 의미 있는 하루가 되었다.

백발白髮의 변辨

이발사가 희끗희끗해지는 내 모발을 보고 검게 염색을 하라고 권했다. 점점 더 허옇게 되자 주위 사람들까지 염색 입방아를 찧어 대곤 했다. 퇴색해가는 모양이 안쓰러워 위로하는 소리였을 것이다. 거울 앞에 서기가 싫어지고, 할까 말까 망설이는 동안 어떤 이는 하얀 머리를 까만 머리로 변장하여 내 앞에서 으스대기까지 했다. 겉모양이 젊어졌으니 그럴 만도 하겠지만, 그런다고 속까지는 달라지지 않았을 것인데 우스꽝스럽기도 하였다. 전차 안에 들어서면 사람들의 머리 색깔부터 관찰하는 일이 습관처럼 되어버리는 사이에 젊은이들은 노랑, 빨강, 오색 머리로도 번져갔다. 뾰족한 수가 없을 때는 대세에 묻어가면 된다. 그러나 염색 고민을 아예 떨쳐버리기로 굳히자 마음이 홀가분해지게 되었다.

"신체, 터럭, 피부는 부모로부터 받은 것이므로 감히 훼상하지 않는 것이 효의 시작이다身體髮膚 受之父母 不敢毀傷 孝之始也". 공자의 말씀이다. 부모 공덕을 귀하게 여기라는 가르침이다. 상투 머리를 잘라 단발머리로 되는 시작은 서양문물을 받아들이자는 갑오경장 때였다. 상투가 비위생이고 비능률이라는 것을 다 아는데, 색깔을 바꾸는 것도 훼상하는 것이면 부모에 불효하는 일이 된다. 서양에서도 수염을 신이 내린 선물이라 하여 절대로 손대지 않던 시절도 있었다. 그러나 공자의 본향인 중국에서조차 신해혁명 때 두발 진통이 있었던 걸 보면 단발이나 변발 같은 것을 굳이 효에 빗댈 필요는 없을 것이다.

사람 몸의 털은 주로 보호 기능을 하지만 장식 기능도 한다. 단발이나 장발을 하고 색상을 입히는 것은 이미지를 표현하는 장식의 한 방법이다. 백발을 흑발인 양 변장하는 일이 바로 그거다. 젊어서 검던 터럭이 나이 들어 허예지는 것은 아주 자연스러운 변화이다. 사람은 나이가 들수록 경륜이 쌓이고, 그 노련함은 존경받아야 할 일이다. 젊게 보이려는 의도는 아직도 무용지물이 아니라는 항변일지는 모르겠다. 그러나 일입청산入靑山한다고 만사휴萬事休는 아니다. 잘 익은 낱알은 후대의 생명을 배태한 채 묵묵히 고개 숙이고 있다가 순환을 잇는다. 매화도 어린 나무보다 옛 등걸의 운치를 훨씬 더 친다. 노숙은 곧 꽉 찬 의 무게가 아니겠는가.

원형 숭배는 나의 오래된 취향이다. 가공이나 군더더기를 싫어하는 괴팍한 습성이다. 자동차도 액세서리를 덧붙여 모양을 내거나 간단한 외장품을 추가하면 멋지게 보일 수도 있지만, 수리공이 공짜라 하여도 마다한다. 20여 년 넘게 살던 집의 부엌 문고리가 비틀어져도 갈아 끼우기를 거부하고 고쳐 쓰기를 고집한다. 낡은 수도꼭지를 바꾸더라도 유행 지난 옛것을 구하러 을지로까지 하룻길을 우기고 간다. 옷장의 옷가지들도 수선을 거부하고 가랑이가 넓고 뭉뚝한 본래의 옛것을 걸어 두고 흐뭇해한다. 심지어 짙은 화장을 하여 예쁘게 꾸민 여인보다 갓 씻고 나온 본디의 얼굴을 훨씬 더 예쁘게 여긴다. 천길 땅속에서 나온 6,000여 년 전의 파라오의 황금 관棺에 세계인은 감탄한다. '오리지널'의 원형 가치 때문이다.

  인류의 조상 호모 사피엔스의 터럭은 분명 검은색이었을 것이다. 사람의 유전인자와 염기서열이 꼭 닮은 침팬지의 털이 검은 걸 봐서도 그렇다. 180여만 년 넘게 진화하느라 환경에 적응하면서 황색이나 갈색같이 다른 색깔로 변했을 뿐이지 원래는 검었다고 믿는다. 제아무리 다른 색으로 변모하였더라도 끝에 가서는 모두 흰색 단일로 귀의한다. 이색異色에 대한 호기심을 탓할 일은 아니지만, 종국의 길이 하얀 길이라고 하면 굳이 옆길로 갔다가 돌아올 필요는 없다. 나는 오래된 본래의 종이 새로운 변종보다 더 순수하다고 믿는 자연인이다. 원형의 소중함을 백발의 미에서 얻고자 한다.

고백

　　　　　　　한 총각이 좁은 골목 안의 찻집에 들어섰을 때, 동갑의 규수는 창가의 자리에 먼저 와 가을 햇살을 헤아리고 있었다. 뒤늦게 마주한 총각이 건성건성 몇 마디 건네다가 찻잔도 채 비우지 않고 불쑥 일어서려 하였다. 당황한 처녀가 그러려면 그러라고 배짱을 내밀자 오히려 쫓겨나듯 물러나는 꼴이 되어 사내의 체면이 구겨졌다. 총각은 누군가의 성화에 못 이겨서 그냥 체면치레나 하려고 나타났지만, 처녀는 혼처를 신중히 물색 중인 규수였다. 무례로 시작한 연분이 둘을 부부로 묶어 해로하고 있으니 혼인의 연은 참으로 묘하다.

　늙어가는 그 남자는 지금 그때의 어설픈 만남이 엄청난 행운이었다고 회상한다. 워낙 주변머리가 없어 여자 가까이 다가갈 줄도 모르고, 또 여자가 호감을 둘 만한 구석이 어디에도 없는 자신을 너무나 잘 알고 있기 때문이다. 그냥 놔뒀다면 그는 아마 아직도 총각일 거고 끝에 가서도 몽달귀신이 되고 말 것이다. 혼기의 그 총각이 결혼을 염두에 두지 못했던 까닭은 단순했다. 자기 몸 하나도 부지하기 힘든 말단 공직자가 가족까지 두는 결혼 같은 '거사'는 언감생심일 수밖에 없었다. '만나면 주머니를 생각해야 하고, 어찌하다 정이 들어 크게 돈 드는 결혼을 한다.' 그에게 이런 상상은 공포에 가까웠다.

    결별이 아니고 마지못한 조우가 이어지기는 하는데 건성이기는 어쩔 수 없었다. 극장에서 영화『쉘부르의 우산』을 함께 보면서도 주인공 쥬느뷔에브와 기이의 뜨거운 사랑 장면 때도 총각은 옆자리 처녀의 손을 잡지 못했다. 영화가 끝난 늦은 시간, 소낙비에 혼비백산이 된 남자가 빗속을 헤치고 비닐우산을 하나 구해다 여자에게 건네주고는 혼자 저만치 이층의 찻집 화장실로 뛰어가 따로 비를 피했다. 우산대 잡은 손등에 또 다른 손을 포갤 '사건'을 만들지 않기 위해서였다. 들꽃 흐드러진 강둑이나 수성저수지를 거닐 때도 늘 반 발짝 거리에 그녀를 떼어 두었다. 그의 이런 자세는 의도적이라기보다는 의당 그래야 하는 본능처럼 보였다.

    혼인은 남녀가 서로 끌려야 성사되는 일인데, 도대체 여인은 그런 남자의 무슨 매력에 끌렸는지 이상스럽다. 더욱 신묘한 것은 혼자 써도 부족이던 박봉을 둘이 쓰고도 남겨(?) 저축까지 했다는 꿈같은 실화도 참 신기했다. 평생 봉직을 뒤돌아보는 이제야 모든 게 그 착한 여자의 사랑과 지혜에서 비롯됐음을 깨닫고 남자는 적이 마음에 찔린다. 백발머리 때까지 여자 사랑을 마음속에 받아 모으기만 하고 자기 사랑 내보일 생각을 하지 못한 팔푼이 중에도 팔푼이다. 다행히 남자는 뒤늦게나마 가슴속에 감춰둔 비밀 창고를 여자에게 열어 보일 기회를 엿보고 있었다.

햇살이 유난히도 맑고 가을 단풍이 영롱하던 어느 날, 벼르던 남자는 아득히 오래전에 함께 가본 서울의 남산 길 나들이를 제안했다. 낌새를 알아챘던지 선뜻 여자가 응해주자 내심 신이 나서 가슴이 풍선처럼 부풀어 올랐다. 울긋불긋 단풍 터널을 걸어 오르며 발에 걸리는 낙엽은 툭툭 차내고 머리 위에 내려앉는 은행잎 나비는 그냥 두었다. 배경이 그림 같아 남자의 고백만 나오면 반세기 묵은 숙제는 거뜬히 풀릴 것이었다. 여든에 가까운 노인이 난생처음 이성에게 사랑을 고백하는 시도가 될 터다. 고백하고 길게 사랑하는 게 아니라 길게 사랑하고 난 뒤에 고백하는 박물관 형 해괴한 사랑 스타일이다.

남산 길 행차가 그림은 좋았다. 그러나 침묵만 흐르는 무성 영화였다. 속도 조절을 해서 반보 뒤 여인의 손이라도 잡아 주면 좋았으련만… '개 꼬리 삼 년 되어도 황모 안 된다.' 저만치 앞의 다른 사람들 흉내라도 좀 냈더라면 좋았을 것이다. 뼛속 디엔에이는 속일 수가 없었나 보다. 꿀꺽꿀꺽 침만 삼키고 주저하는 사이에 천재일우의 사랑 고백 기회가 남자를 비켜 가려 하고 있었다. 반보 앞의 남자가 조금씩 더 앞서더니 한 발짝, 두 발짝 더 멀어지고 말았다. 끝까지 너 따로 나 따로, 지독히도 매력 없는 남자였다.

팔각정 난간에서 굽어보는 한강은 예도 지금도 유유히 바다 쪽으로 흐르고 있었다. 남자는 여자를 사랑하는 자기 마음도 저 강물처럼 저절로 아내에게 흐를 거라고 상상했다. 그 여인의 마음은 사랑 아닌 미움까지도 모두 묵묵히 받아주는 바다라는 것도 깨달았다. 긴긴 세월의 바다 마음에 쌓인 애증의 축적이 얼마나 깊을까. 그 축적의 켜는 곧 남자의 나이테이기도 했다.

  서쪽의 가을 햇살이 강물에 반사되어 시리도록 눈을 때리자, 남자 가슴이 갑자기 발동기처럼 쿵쾅거리기 시작했다. 비록 입은 잠겨있어도 요동치는 가슴소리는 여인의 바다 마음에 울리고 있을 것이었다. 한 노인의 사랑 고백 기회가 물 건너가려나 하는 순간에도 여인의 바다 마음은 남자의 사랑 마음을 모두 삼켜 축적을 이어 갔을 것이었다. 드디어 팔각정 난간, 한 발짝 건너의 남자가 묵묵히 따라온 여인의 얼굴을 슬그머니 훔쳐보았다. 남자의 어설픈 시선을 여인의 미소가 조용히 붙잡아 주었다.

동기 연지 同氣 連枝

　　　　　　부모로부터 피와 살을 나눈 형제자매를 동기라 일컫는다. 한 부모의 같은 기운을 타고 났다 하여 부르는 애칭이다. 그러기에 동기간에는 서로를 한 몸같이 보살펴야 한다. 일곱 동기가 터 잡는답시고 뿔뿔이 흩어져 가시밭길 넘느라 서로 살피는 일에 소홀했다. 그러는 사이 하나가 병마에 꺾여 덜 피다 지고 나머지가 이 정도로라도 온전하게 있어 주니 불행 중 다행이기는 하다. 낳아준 부모와 자식 간에 효와 사랑이 있다면, 태어난 형제자매간에는 형우 제공兄友 弟恭이 있다. 형이 아우를 아끼고 아우가 형을 공경하는 일이다. 형우의 거울에 나를 비추어 본다.

　놀부 형은 집안의 전 재산을 혼자 차지하고 동생인 흥부 가족을 빈손 맨몸으로 내쫓아 버렸다. 끼니를 거르게 된 흥부가 놀부네 집으로 얻으러 가지만 놀부는 나누어주기는커녕 쪽박마저 차버리는 문전박대를 했다. 착하기만 한 흥부는 요행히 제비가 물어다 준 박 씨로 큰 복을 얻지만, 욕심으로 가득한 놀부는 우격다짐으로 박 씨를 빼앗았다가 패가망신했다(흥부전). 피와 살을 나눈 형제지간이지만 재물 앞의 놀부는 털끝만큼의 배려도 없는 딱한 형일 뿐이다. 놀부에게 동기는 오히려 견원지간이었다.

중국 북송시대의 사마광司馬光은 고대 양나라의 안성강왕安成康王이 형에게 공손했던 일을 모범으로 삼고자 "공회형제孔懷兄弟, 동기연지同氣連枝"를 말했다. '형제가 서로 간절히 생각하는 까닭은 같은 기운을 받고 태어나 가지로 연결되어 있기 때문'이라는 의미이다. 한 뿌리의 부모 나무에서 같은 기운을 타고 태어난 형제는 같은 뿌리의 한 둥치에 이어져 있는 가지임은 의심할 여지가 없다. 형제가 서로 아끼고 공경해야 함은 누구도 그르칠 수 없는 천륜이다.

우리의 흥부전은 사마광의 공회 형제와는 사뭇 다르다. 다행인 것은 나중에 흥한 흥부가 망한 놀부를 돌보는 반전에서 중국의 안성강 왕에게 눌리지 않을 수 있다. 형의 아우 아낌이 없어도 동생의 형 공경은 있었으니 오히려 한 수 위의 감동이다. 한발 더 나아가 놀부는 흥부의 우애에 감복하고 착한 형으로 바뀌어 오순도순 살아갔을 상상은 '짱'이다. 이래서 권선징악과 동기 우애라는 양수겸장의 우리 흥부전이 사마광의 공회형제를 능가한다.

여유 있는 가문의 형제들이 재물을 사이에 놓고 으르렁대는 일은 흔하게 보는 일이 되어버렸다. 법정에까지 서서 서로에게 칼끝을 겨누고 난도질하니 원수라도 그런 원수가 없다. 양쪽 모두 만신창이가 되도록 싸우기만 할 뿐 흥부전의 반전이 없고 벼랑 끝 패자만 있는 난장판이다. 어찌 한 뿌리 나무의 가지들이라고 할 수 있으랴. 마치 다툴 재산이 없는 동기들은 우애가 깊을 것이라는 역설을 떠 올리게도 돼버렸다. '재산 없으면 우애가 깊다.' 과연 그럴까? 바늘 끝의 문제라도 갈등의 싹이 있으면 끝은 흉한 나팔이 되기 마련인데, 형제자매간의 우애는 꼭 재물만 상관되는 일이라고 할 수는 없을 것이다.

막 추석 명절이 지나간다. 전통이 흩어져 있는 동기들을 이어주고 모으고를 한다. 모자라는 우애 노력을 명절이 도와주는 셈이다. 묵묵히 따라와 주는 가지가 여섯이나 있음은 행복이다. 천 리 길을 마다하지 않고 모여들었다가 썰물처럼 빠져나가는 동기들의 귀갓길 안후가 궁금해진다. 창밖 저만치에 단풍나무 하나가 서 있다. 지난해 가을 저 나무는 고운 잎을 떨어뜨리면서 외로워서 신음했다. 지금은 아직 푸른 잎을 반짝이며 동기 염려를 놓으라고 신호한다. 그 옆에 버티고 있는 노송 하나도 단풍을 거드는 듯 맞장구를 친다. 그래도 고향 안착 기별이 오기까지는 잠자리에 들기가 쉽지 않을 것이다. 이게 곧 '형우'의 징조인지는 모르겠다. 가는 듯 서는 듯, 맏이의 완행 사랑을 가을바람에 띄워 보낸다.

나무들의 세상

산꼭대기 저 너머에 먹구름 덩어리가 불쑥 솟더니 순식간에 산등성이를 타고 기습해 내려왔다. 때아닌 천둥 번개와 광풍 한 자락을 휘몰아 언덕 위의 숲을 온통 뒤흔들더니 와장창 소나기 물 폭탄을 터뜨리고 지나갔다. 여름 끝자락에서 졸고 있던 숲의 나무들이 소스라치며 초록 옷을 벗어 던지고 저마다 다른 색깔의 반기를 들고 나섰다. 여름을 기리던 나무들의 반항이자 숲의 변혁이다. 앞산 홍단풍이 맨 앞에서 호들갑을 떨더니 동구 앞 은행나무가 뒤질세라 변색 행렬에 가세한다. 푸른 제복 일색이었던 여름 숲이 순식간에 분열하여 제각각 겨울 준비에 들어가는 모양이다. 녹색 포기를 경쟁이나 하듯 가을 행군의 세가 은근히 거세다. 황금 햇살이 반사각을 바꾸어 나를 보쌈에 넣더니 은행나무 밑에 내던져 놓는다.

산비탈 홍단풍이 잘난 체 은행에 입씨름을 건다. "은행아. 난 산언덕 위에 서서 세상을 멀리 본다. 넌 들판에 너부러져 있어 시야가 답답하지 않니?" 자존심의 은행이 예민하다. "내가 다 크면 육십 미터를 넘으니 황금 들판도 나를 우러러본다. 너는 세상 넓다고만 하고 하늘 높은 줄 모르면서 고까짓 키를 두고 자랑이라고 하니?" 단풍은 선공의 체면이 있다. "은행아! 나는 가지 끝에 고운 꽃을 피우고 버선 모양의 예쁜 열매를 단다. 너는 꽃이 있는지도 모르겠고 자식은 어떻게 두냐?" 은행이 목소리에 잔뜩 무게를 싣는다. "내 이파리 겨드랑이에 피는 꽃을 보통 눈으로는 못 보지. 내 짝은 늘 내 곁을 지켜주고 앵두보다 몇 배나 큰 열매를 주렁주렁 단다. 산의 너는 평지의 풍요를 알기나 해?" 되받아친 화살에 힘이 실리면서 수비의 은행이 더욱 늠름해졌다.

　기세를 잡으려 시작한 선공이지만 외려 단풍이 수세에 몰리는 형국이 되었다. 단풍 깡다구가 그냥 물러서지 않고 남은 힘을 다 모아 연타의 잽을 날린다. "나는 겨울 준비 때 붉은 홍의를 입는다. 색깔의 으뜸은 빨강이지. 근데 넌 누렁 똥색이니 역겹지도 않니?" 물러설 은행이 아니다. 억세게 뻗는 스트레이트의 응수다. "단풍아! 보석의 중심이 바로 황금이고 내가 입은 이 옷이 바로 황금색인데, 하늘이 내리는 천자天子가 누리는 색깔이야. 빨강이 밥 먹여 주데? 황금이 최고지! 좀팽이 너는 아직 황금 맛을 모르는구나!" 정타에 걸려든 단풍이 비틀거린다. 소슬바람이 달래기나 하듯 설렁, 단풍 가지를 흔든다.

　맹랑한지고! 난타전을 지켜보던 떡갈나무가 민망한 듯 중재안을 내놓는다. "은행아! 홍단풍아! 너희 둘만이 아니라 당 단풍도, 고로쇠도, 갈색의 밤나무도 모두 모으면 아름다운 무지개 그림이 나올 텐데, 볼만 하지 않을까?" 합창의 노림수다. 여럿이 하나 되는 기발한 아이디어다. 이번에는 으슥했던 은행이 선뜻 먼저 동의한다. 모두가 이기는 '윈-윈' 전략이어서다. "와! 떡갈아! 너 참 '스마트'하구나! 여름엔 우리 모두 녹색으로 하나였으니 어려울 게 없겠네. 모두가 마주하여 저마다 자기 색깔을 뽐내다 보면 천하에 장관, 합창 연주가 되겠구나!" 살벌한 각개 전에서 급반전한 무아의 화평이다. 지켜보던 설렁바람이 안심하는 듯 힐끗 뒤돌아보며 구름 길을 타고 산마루를 훌쩍 쓿났다.

질펀한 가을 대지에 펼치는 나무들의 오색향연이 하늘 아래 가득하다. 혼자 나무의 색깔이 곱기도 하지만 여러 나무의 숲 향연은 웅장하고 더 화려하다. 향연의 식탁에 온통 풍요와 번영의 약속들이 풍성하다. 내리쬐는 햇살이 영롱하고 실바람이 보태지니 합창 향연의 향기가 하늘 끝을 찌른다. 분열이 화합으로 진화하고 시기가 칭찬으로, 멸시가 존중으로, 무시가 배려로 용해되어 자연의 천지는 오직 태평과 풍요가 있을 뿐이다. 곧 다가올 겨울의 이 대지는 태평한 수목들의 잠자리가 될 터다. 백설 이불 속의 나무들은 깊은 잠에서 내년에 이을 무지개 꿈을 다시 엮을 건데, 이어지는 봄의 제전도 성전일 것이 틀림없을 터다.

서로 겨루어도 나무들은 소리 없이 자기의 역사만 써 내려간다. 그 역사는 고스란히 저마다의 나이테에 저장된다. 누가 시키지 않아도 역사의 바퀴는 순리대로 스스로 돌고 돌린다. 시끄러운 듯해도 요란하지 않고, 어지러운 듯해도 정연하게 나무 세상은 늘 태평하고 아름답다.

은행이 보쌈 속의 내 위에 노랑 잎을 수북이 덮으며 꿈을 꾸게 감싸준다. 내가 있고 네가 있어 우리라는 세상은 늘 아름답다. 다음 세상에 다시 태어날 수만 있다면, 나무로 태어나 숲을 이루고 싶다.

코스모스 예찬

　　　　　　가을꽃은 뭐니 뭐니 해도 국화와 코스모스다. 국화는 고고해서 좋고, 코스모스는 화려해서 좋다. 국화 하면 길섶이나 서리꽃 들판에 흐드러지게 피는 들국화를 떠올리지만, 회색의 도시에서 그런 국화를 보기란 너무 어려워졌다. 그래서, 나는 국화를 진가에서 좀 멀어진 가을꽃으로 삼고 코스모스에 더 후한 점수를 주려 한다. 아마도 국화와 말을 건넨다면 나의 배신을 무척 나무랄 것이다. "한 송이의 국화꽃을 피우기 위해 /봄부터 소쩍새는 /그렇게 울었나 보다(「국화 옆에서」, 서정주)"에서의 국화는 들국화라고 나는 믿는다. 색깔에 따라 꽃말이 다르기는 해도 국화나 코스모스는 둘 다 성실, 순결, 사랑, 그리고 순정을 담고 있어 귀함은 매한가지다. 이래저래 국화를 사모하면서 코스모스도 나는 사랑하게 되었다.

　　동네 앞 아스팔트 포장길 가장자리, 콘크리트 전봇대가 서 있는 길바닥 틈새에 코스모스 줄기 하나가 비집고 나와 꽃송이를 올망졸망 달았다. 한여름 뙤약볕을 참아온 고단을 말해주듯 줄기가 여위어 왜소하고 잎이 좀 시들었지만, 인내와 성실의 보람인 듯 내민 꽃송이만은 곱고 발랄하다. 여름 가뭄과 땡볕의 목마름이 오죽했으며 폭풍에 쓰러지기도 여러 번이었겠지만 되 서고 또 서서 견디고 버텼다. 질곡을 거쳐 피운 꽃은 아무 일 없었던 듯 자랑이니 장하고 기특하다. 메마른 물기에 허기졌어도 가을 꽃송이를 밀어 올린 힘은 고단 속에 모아두었던 단하나, 열정이었을 것이다. 가늘지만 꼿꼿한 줄기 끝에서 연분홍 꽃잎이 토해내는 순결과 순정 너머로 생의 위대함을 던지고 있다.

코스모스는 자라는 습성부터 솔직하고 서민석이다. 길섶이나 경사진 논 밭둑, 울타리 밑, 아무 데서나 자라고, 허드레로 뽑아 옮겨 심어도 성큼성큼 커서 한 길 이상 키 자랑을 한다. 거친 비바람에 쓰러져 누워서도 제힘으로 일어서고 비록 못다 일어나 비스듬히 기대더라도 가지는 곧추서서 곧장 하늘을 향한다. 한창 생장하던 원 순이 꺾이기라도 하면 금방 곁순을 여럿 내어 아무 일 없었던 듯 원 순보다 더 내로라 하고 뻗는다. 긴 여름 가뭄 때는 시들어 죽은 듯하다가도 소나기 한 모금이면 언제 그랬더냐며 분연히 털고 일어나니, 끈질긴 생명력은 바로 한없이 질긴 그 서민형이다.

오래전 서양의 선교사들이 한반도에 들여왔다는 코스모스의 전래설이 있는 걸 보면 토종 꽃이 아닌 모양이기는 하다. 전래 꽃이든 토종 꽃이든 간에 우리 풍토에 맞추어 피어주는 꽃이고 곱기만 하면 꽃의 본디 일을 다 하는 게 아닐까. 가을바람에 살랑살랑 흔들리는 꽃송이들을 보고 '살사리꽃'이라는 별명을 붙여서 지조 없는 꽃인 양 말하는 이도 있다. 하지만, 그냥 우두커니 서 있기보다 바람 따라 순응하며 살아 움직이는 꽃이면 더 정직한 꽃일 테니 순결과 순정의 꽃말을 함부로 붙인 게 아니리라.

꽃의 이름에도 매력은 숨어 있다. 그리스 어원의 'COSMOS'는 'CHAOS'에 대조되는 조화와 질서라는 철학적 의미여서 아카데믹하다. 여덟 개의 꽃잎은 원형의 살이 찐 꽃술을 향하여 정확한 대칭으로 질서가 정연하다. 꽃의 색깔은 하양, 분홍, 빨강 색이 있어 누가 배열하여 심지 아니하여도 군락의 꽃은 화려한 조화를 보인다. 창조신이 세상을 창조할 때 좀 더 아름다운 세상을 만들기 위해 꽃을 만들어야 했는데 그 습작으로 만든 꽃이 코스모스란다. 메마른 전봇대 틈새에서도 견디는 생명력은 신이 불어넣은 힘이었던가 보다.

집 앞의 길 건너 경사진 공터에 삼색으로 신의 꽃들이 무리 지어 가을 햇살을 즐기고 있다. 끈질긴 생장, 순응하되 강인함, 청초한 아름다움, 정연한 질서, 사람이 흉내 내기 힘든 재주를 두루 갖추었다. 꽃들이 있어 풍요로운 이 가을이 더욱 황홀하다. 거들떠보는 이도 없는 길바닥 전봇대 옆의 저 코스모스도 아스팔트 틈새에 씨앗을 숨기어 내년을 다시 저장할 것이다. 알아주는 이 없는 가을꽃 향기에 취해 넋 놓고 있는 사이에 정오 햇살이 세 시 방향에 가 있다. 다시 보아도, 언제 어디서 보아도 코스모스 꽃은 곱다.

왕ェ의 계절 季節

　　　　　　　　사계四季를 누릴 수 있는 계절 운은 큰 축복이다. 봄, 여름, 가을, 겨울은 인위가 없이 스스로 왔다 물러나는 조화로운 축복의 연속이다. 그중에서 어느 계절이 가장 으뜸일까? 흔히들 5월을 계절의 여왕이라 하며 찬양한다. 5월이 사계 중에는 봄인데, 오로지 봄만이 으뜸일까? 현란했던 가을 풍광을 엊그제 뒤로하고 백설이 언덕 잠을 자는 겨울 앞에 서서 왕의 계절을 생각해 본다.

　어머니 품속처럼 따사로운 봄볕이 반가운 것은 매서운 겨울의 뒤여서다. 잠자던 실뿌리가 영양 수를 길어 수십 미터 나무 꼭대기까지 밀어 올리는 억척은 겨우내 모진 추위에 맞서며 비축해 놓은 저력에서 나왔다. 샛바람을 이겨내고 꽃잎을 열고 오므리는 감각은 아마도 새까만 그믐밤의 후정에서 샛별이 몰래 일러주었을 것이다. 울긋불긋 꽃으로 벌 나비를 유혹해서 종의 번식에 동원하되 귀한 꿀을 내어주는 보은 배려는 임금이 백성에게 베푸는 천륜에서 나왔을 터다. 꽃으로 잉태한 씨앗이 뿌리와 잎이 주는 자양으로 살을 찌울 것인데, 만 조야에 꽃 피고 잎 나오는 5월의 봄 계절을 여왕이라 칭송함은 마땅하고, 또 당연하다.

 태양에너지는 주인이 따로 없다. 임자 없는 기운이니 아무나 취하면 그만이다. 신록에서 건너온 초목이 저마다 잎을 최대한 넓히고 일광을 흡수해 뿌리와 줄기, 그리고 맺은 열매에 보내주느라 녹음방초가 된다. 하늘의 해가 무한으로 비추니 살아 있는 생물이면 모두 자기 몫 챙기기에 여념이 없다. 뿌리로 뻗고 줄기로 솟으며 후손 열매가 자라나는 여름은 분명 창궐의 시절이고, 이 철 말고는 창궐을 못 보니 어찌 임금 계절에서 제외할 수 있으랴. 땅속의 지렁이가, 물속의 개구리가, 들판의 낱알이 모두 여름 아니면 생육이 없을 것이니, 번창의 계절인 여름, 그대는 정녕 대왕 전하이시나이다!

 가을은 황금들판을 거느리고 풍요를 뿌리면서 온다. 온통 불바다가 된 산야도 가을이 내달리는 현란의 군무다. 임금이 쓰는 왕관은 신목神木을 형상화한 것인데, 아마도 가을 풍경을 흉내 냈을 것이다. 들판 저 너머에 빼곡히 오색 곡옥을 매단 산봉우리가 출자出 모양으로 둘러서 있으니, 그 형상이 영락없는 황금 왕관이다. 넉넉한 자양을 품어 풍성해진 들판은 혹한의 겨울 멈춤이 온다 해도 부족 없는 광대무변이다. 모자람이 없고 왕관이 찬란하니 세상이 드넓은 궁궐이 아니던가. 가을이 이러한데 임금 계절이 아니라 할 수도 없겠구려!

 눈 덮인 겨울의 바위산 봉우리는 누가 봐도 백마 탄 은막의 여왕이고 새하얀 설원은 선녀들이 다듬어 놓은 비단길이다. 삭풍이 몰아쳐도 끄떡없는 태산이나 뭇 세월 고고한 노송들도 백설을 이불로 하여 늠름하게 버틸 뿐 다른 왕도를 사양한다. 언덕길 땅속의 두더지나 벌판의 굼벵이도 심장 박동을 늦추기는 해도 멈춤은 없다. 낙엽 떨군 수목도 봄을 기다릴 뿐, 멈춘 듯 고요는 구중심처 왕실의 비밀 아니더냐. 눈 덮인 겨울 산길을 오르면 누구나 마상의 은막 여왕을 마주하게 되고, 어전을 향한 신하 봉우리들의 위용이 근엄한 듯 웅장하다. 이런 겨울을 앞에 놓고 임금 계절이 아니라 하기도 민망하구려!

사계가 모두 임금 계절인데 철을 살라 왕의 계절을 따로 구분함은 어리석기 짝이 없다. 그 안의 누구든지, 언제나 왕실을 벗어날 수 없고, 천하가 하나뿐인 왕실이니 누구도 제왕 아닌 이 없다. 왕 있고 신하 없는 왕실도 없으니 누구나 신하이기도 한데, 스스로 혼자만 왕이라고 거들먹이면 구걸하는 광대나 다름 아닐 것이다. 누구든지 신하이고 어디서도 제왕인데, 짐朕이 곧 제왕이로다!

작별

　　　　　　　　나뭇잎이 형형색색의 단풍으로 바뀌었다. 잎과 뿌리 간의 신비로운 협업 체계를 멈춘다는 신호다. 가을바람이 불면 겨울을 대비해 뿌리와 잎의 기능을 멈춰야 하는데, 나무는 잎자루에 달린 떨켜 보호막을 달아서 그 일을 한다. 자양분의 통로가 막힌 잎에는 자연히 엽록소가 사라지고 감춰졌던 본래의 색소가 나타나 단풍 색이 되었다가 낙엽으로 진다. 카로티노이드의 은행 단풍, 타닌의 참나무 단풍, 안토시아닌의 단풍나무 단풍이 그 예다. 이렇듯 단풍 현상은 겨울을 나기 위해 잎을 버리는 지혜의 증상이다. 왕성했던 녹색 옷을 낙엽으로 떨구는 아픔이 어찌 없으랴만 다음의 더 큰 번영을 위한 나무의 선택이다. 움켜쥐고 버티기만 하는 사람이 흉내 내기 어려운 품성이다.

　창밖에 옮겨 심은 지 네댓 해쯤 되는 느티나무가 하나 서 있다. 수령이 만만찮은 수십 척 큰 키의 나무다. 우듬지가 아파트 6층의 창가에 와 닿을 만큼이니 지난날의 수세는 왕성했을 것이다. 봄이 오면 가지

위에 새들을 불러 계절의 전령사가 되어주고 한여름 불볕 때는 시원한 그늘 가지에 매미를 불러서 격조를 돋우었다. 노란 단풍잎이 건너편 언덕배기 코스모스와 몸짓을 나눌 때는 생각 놓고 바라다만 보아도 한나절 시간은 후딱 지나갔다. 이 키다리가 이번 여름에는 꼭대기의 곁가지를 두어 개 말리더니 남은 실가지에 달린 잎들도 윤기가 덜 했다. 가지의 마름과 잎의 쇠약은 필시 땅속의 뿌리 부실일 테다. 가을 우수의 어깨 위에 느티나무의 고단이 얹힌다.

　수십 년 깊숙이 내린 뿌리를 뭉텅 잘라서 꽂아 놨으니 뿌리의 흡수가 부족일 것은 뻔하고 부족한 영양의 잎새가 부실할 수밖에. 옮겨 심은 사람이 물 주기와 거름주기를 부지런히 했던 이전에는 그런대로 거구를 추스를 수 있었다. 너대로 살아보라고 버려둔 금 년에는 아직 홀로의 힘에 부치니 가을에 잎을 버리는 것만으론 부족이고 가지까지도 포기해야 했던 고뇌가 있었다. 쇠약한 수세는 붙어온 뿌리가 지탱할 수 있을 만큼의 줄기와 잎만 유지하면서 잔뿌리를 더 보강해 새 가지를 다시 낼 준비 태세일 것이다. 생육의 '다운 사이징'이다. 내일의 왕성을 위한 포기와 인내의 재무장이다. 한쪽 팔을 포기하는 용기와 남은 팔다리로 생존을 버티는 키다리의 결단은 사람이 흉내 내기 힘든 나무의 용단이다.

　황금기가 찬란했던 사람이 지난날의 황홀을 포기하지 못하고 고집하다가 허망을 맞는 일이 다반사다. 쾌도(快刀)의 기업이 빚에 빚을 얹으면서도 키운 몸집을 고집하다가 백척간두에 서는 일도 부지기수다. 어찌 이성을 가지고 움직이는 사람이면서도 한 곳에 뿌리박고 서 있는 나무만도 못할까. 포기는 부활하는 축복의 예약일 수 있으니 느티나무의 비장함이 부럽기만 하다. 자연 속에서 숨 쉬는 인간인데도 자연은 늘 탐욕의 인간 저위에 멀찍감치 있어 손 닿기가 쉽지 않다.

  만추의 오후, 창밖의 느티나무에서 시선을 떼지 못한다. 꼭대기 실가지 끝에 노랑 치마로 대롱대롱하는 아기 이파리의 마지막 작별인사가 애처롭다. 어미는 한 몸이었던 아기 손목을 훌훌히 놓기가 못내 망설여지나 보다. 아기 이파리도 어미의 재회 약속이 못 미더워 소슬바람에 살낭살랑 연신 고개를 내젓는다. 튼실한 어미라면 다음 해 재회가 무슨 걱정일까만, 노회한 어미라 해도 기력을 의심하지 않을 수 없게 되었다. 작별의 순간이 만추의 햇살 위에 숙연하다. 비추는 햇살, 어루만지는 바람, 지켜보는 코스모스, 증인이 여럿이니 꼭 지켜질 약속일 것이다. 오는 봄의 햇살이 어김없이 깨울 터이니 이제 어미 손을 놓고 땅으로 내려앉아도 될 듯하구나. 작별이 쓸쓸하더라도 재회는 환희일 것이다. 해가 서산에 발을 걸치고 가을 막을 내리려 한다.

한때의 양지에 노키즈존No Kids-Zone의 금줄을 치고 그 안의 세상이 전부라고 우겨대지만, 사람들은 지평선 너머에 광막한 천지가 있다는 것을 안다. 진언 불허의 소통 봉쇄는 폭군의 독단을 낳을 뿐인데, 옛 선비들의 영정 앞에 나가 도끼 한 자루 물려주십사 기도해 봐야겠다.

-「선비와 도끼」중에서

4부
—— 선비와 도끼 ——

승자勝者, 그리고 패자敗者

　　　　　　한 아이를 놓고 서로 자기 아이라고 다투는 두 여인에게 아이를 칼로 베어 똑같이 나누어 가지라고 했을 때, 친모는 아이를 포기하지만, 거짓 어미는 아이를 흔쾌히 나누겠다 했다. 낳은 어미가 아니면서 끝까지 자기 아이라고 우긴 여인은 친모에 대하여 거짓을 숨긴 약점을 가지고 있다. 약자인 거짓 어미가 강자인 친모를 이기기 위해서는 아이를 죽일 만큼 잔인할 수 있었다. 오직 강자를 꺾을 생각에만 갇혀 아이의 목숨을 보는 눈을 잃었다. 약자는 오로지 수단과 방법을 가리지 않고 강자를 꺾는 데만 몰입한다.

　들짐승 하이에나의 쌍둥이 형제끼리는 하나를 죽여야 남은 하나의 생존이 가능한 적대 관계이다. 부족한 어미젖을 형제끼리 다투다가는 둘 다 허약한 성장으로 사자의 밥이 되고 만다. 먹이 사냥이 쉽지 않은 황량한 벌판에서 어미의 젖을 독점하여 힘을 기르려면 형제끼리도 제거해야 하는 대상으로 다툴 수밖에 없다. 경쟁자를 제거해야 비로소 생존이 가능한 이런 상황을 '승자 패자 이론'이라 하기도 하고 '형제 살해 이론'이라고도 한다. 동물 세계에서 적자생존의 이 이론은 종족보존을 위한 본능이어서 잔인하기는 해도 탓할 수는 없을 듯하다. 더 큰 강자의 위험을 피하기 위한 약자의 자기보호 본능이기 때문이다.

'당랑거철螳螂拒轍', 곤충 사마귀가 수레바퀴를 가로막는다는 말이다. 나라 임금이 사냥길에 나섰을 때, 흉측한 몰골로 앞다리를 치켜세워 길을 막고 있는 사마귀의 위용(?)을 가상히 여겨 수레가 비켜 가 주었다는 일화다. 곤충 세계에서 이놈은 잔인하기로 이름이 나 있다. 막 짝짓기를 끝낸 암컷 사마귀는 아직 등에 업혀있는 수컷을 가차 없이 잡아먹어 버린다. 육중한 배때기로 쉽게 이동할 만큼 민첩하지도 못하고 빈약한 날개로는 멀리 날지도 못해 먹이 사냥하기에는 단점뿐인 약자이다. 산란에 필요한 자양분을 채우기 위해서는 자웅인 수컷도 잡아먹어버릴 정도로 잔혹하지 않으면 안 된다.

조선조의 사색 당쟁은 잔혹함의 극치다. 잔혹은 경쟁자를 제거하는 것에 멈추지 않고 왕국을 멸망으로까지 끌고 갔다. 동색이 아닌 이색은 존재 자체를 인정하지 않았고, 배척은 당사자에 그치지 않고 구족까지 멸해버려야 했다. 이색은 경쟁의 대상이 아니라 타도의 대상일 뿐이다. 반대편 씨앗이 숨어 있다가 언제 어디서 싹을 틔워 도전해 올지 약자로서는 불안할 수밖에 없다. 구족을 멸하는 인간 사회의 약자 포악은 금수나 미물의 잔혹보다 훨씬 더 악랄했다.

"모든 잔악함은 나약함에서 온다." 로마의 철학자이자 폭군 네로의 스승이었던 세네카Lucius Annaeus Seneca가 네로 왕을 두고 했던 말이다. 네로는 18세 때 의붓동생을 독살하는 것으로 시작하여 22세 때는 어머니를, 25세 때는 아내를, 또 28세 때는 스승인 세네카까지 죽였다. 재위 14년 동안 줄곧 포악으로 전전긍긍했을 만큼 나약했다. 주위의 모두에 대하여 자기를 넘보는 강자로 보고 제거의 대상으로 삼은것이다. 폭군이 강한 것 같이 보이지만 기실 한없이 나약한 무능력자라는 말이다. 자기의 나약과 무능을 잔인함으로 덮어 함부로 넘보지 못하게 하는 위장의 자기 합리화다. 그는 끝내 왕조를 이어가지도 못하고 밀려나 31세의 젊은 나이에 스스로 목숨을 끊을 만큼 허약한 존재였다.

개미와 진딧물은 힘에서는 엄청난 차이의 강자와 약자 관계이다. 약하디약한 진딧물은 무장해제 상태지만 개미는 진딧물을 일거에 요절내고도 남을 강력한 집게 턱을 가지고 있다. 그러나 둘은 서로를 도운다. 진딧물은 배설물을 개미의 먹이로 주고 개미는 천적 무당벌레를 막아 진딧물의 이동을 돕는다. 하루만 보는 것이 아니고 길게 보는 둘만의 약속된 질서다. 강자와 약자의 관계이지만 패자는 없고 승자만 있다. 미물 공생의 질서가 자연의 평형을 유지해 나가는 위대한 힘이 되는 것이다. 이런 공생의 질서를 인간 사회에서는 보기가 어렵다.

남은 사과 한 개를 두 사람이 공평하게 나누려면 한 사람이 둘로 자르게 하고 다른 한 사람이 먼저 하나를 선택하게 하면 된다. 아무도 승자이거나 패자일 기회를 차단하는 공정이라는 수단이다. 양쪽이 다 만족이면 '윈-윈'이고 아니어도 패자는 없다. 차이 나는 반쪽이라 하더라도 기회는 평등하였으므로 패자 없는 관계는 유지된다. 인간의 이기심 눈에는 늘 남의 떡이 더 크게 보이지만, 그 이기심만 내려놓으면 모두가 승자일 수 있다. 승자 패자로만 갈라서는 인간 세상에는 상대를 쓰러뜨리려는 칼날만 번뜩인다. 솔로몬의 규칙이 아이를 구했듯, 칼의 위험을 피하는 지혜는 공정한 규칙을 내놓는 일일 것이다. 네로도 규칙 없는 독점을 경계했어야 했다. 독식의 마당에는 패자만 있을 뿐이다.

과대 포장 誇大包裝

　　　　　　　　겉 포장만 보고 물건을 선택했다가 낭패 본 일이 여러 번이다. 마술사의 보자기처럼 위장하거나 부풀려진 과대 포장때문이다. 약점을 숨기고 장점을 부풀리는 위장의 허세는 실물을 왜곡하여 사람을 홀리게 한다. 허세의 계략에 빠져 잘못 선택한 물건에는 실망과 분노가 치민다. 사람도 일생 사랑, 존경, 경쟁이나 동행을 위해 어떤 모양으로든지 자신을 포장하게 되어있다. 하는 일, 생각과 이념, 경륜, 가진 부 같은 것은 자신을 보여주는 포장의 대상이자 수단이다. 위장이나 가면의 허세에 홀려 선택한 사람의 관계는 불행해지기 마련이다. 물건에 속았을 때는 분노에 그치지만 사람에 속았을 때는 배신감에 저주가 더해진다. 과대 포장은 그래서 불의不義이고 악이다.

　　실크 햇hat에 선글라스를 하고 요란하게 멋을 부린 만년의 남자 하나가 지하철 옆자리에 내던지듯 털썩 앉는다. 시꺼먼 안경 너머로 주위를 훑더니 전화기를 꺼내 목청을 한껏 높인다. '괴한'의 고성이 차 안의 정숙을 무자비하게 짓밟는다. 놀란 사람들의 쏘아보는 눈살도 오히려 즐기려는 기세다. 민망해하는 옆자리 사람이 크게 헛기침을 해보지만 소용없다. 들리는 얘기로 미루어 동창들의 점심 모임에 행차하는 모양이다. 노인성 청력 장애이려니 하고 참아 보지만, 그것도 아니다. 거드름 색안경은 눈 말고 귀도 가리나 보다. 특급 호텔 음식 맛을 탓하고 특정 학교 이름을 찬양하며 펼치는 만행은 끝을 모른다. 치한의 '내가 나로다!' 하는 과대 포장의 선형이냐. 모든 노인이 싸잡아 시궁창에 처박히는 날이다.

  허세가 인간의 본능일 수는 있다. 다른 사람보다 돋보이려는 자존 본능이 그 뿌리이다. 누구보다 뛰어나고 싶어 하는 본능은 경쟁을 유발하여 문명 진화의 동기가 될 수 있다. 그렇지만, 타인의 자존 위에 군림하려는 잘못된 허세는 공존을 파괴하므로 정의가 아니다. 헐렁한 과자 봉지에 질소를 가득 불어 넣고 분량을 부풀렸다가 철퇴를 맞은 일이 있다. 소비자 판단을 현혹한 기망이어서 분노의 쇠몽둥이를 피할 수 없었다. 개구리나 도마뱀이 천적을 만나면 몸집을 잔뜩 부풀려 위기를 모면하지만 곧바로 원상으로 돌아간다. 그러나 사람과 사람의 관계에서 과대 포장은 사악한 허세여서 탄로 나면 원상회복이 불가능하다.

  중세 말 절대왕정을 꽃피웠던 프랑스의 루이 14세 왕은 부지깽이 단신이었다. 세상 부족함이 없지만, 오직 타고난 단신은 불만이었다. 뒷굽이 13센티미터나 되는 하이힐로 키를 키워 보지만 맨발의 단신은 달라지지 않았다. 우뚝 솟아 세상을 호령하고픈 몽환적 허세는 끝내 백성을 탄압하는 폭정으로 향하고 말았다. 절대다수 민초들의 혈세로 소수 귀족이 흥청대는 향락도 왕국을 과대 포장하고 있었다. 거리의 민심이 용광로로 달아오르고 세느강 물결은 스멀스멀 몽마르뜨르 언덕으로 스며들었다. 황제의 허세가 왕국을 패망의 길로 몰고 간 것이다. 임금이 본디의 키로 허기진 백성들의 눈높이에 다가섰더라면 역사는 달리 쓰였을 것이다.

6·25전쟁 때 인해전술의 중공군은 능선으로 공격해 올 때 꽹과리 전술을 구사했다. 피리를 불고 꽹과리를 두들겨대며 수적 우세를 과시했지만, 꽹과리가 총탄을 막아내지는 못했다. 들판의 천리마 노여 전투를 독려하는 선동대 나팔도 인민이 굶주리는 참상을 막지는 못했다. 꽹과리는 무기가 못 되고, 나팔이 곡식 낱알을 증산해내지도 못했다. 지나친 과시는 속 빈 강정도 못 되는데, 거리의 허세 행렬로 눈만 뜨면 넌더리가 난다. 그 선두의 기수旗手는 단연 정치꾼 차지다. 표절 논문의 교육수장, 애국가 못 부르는 애국자, 타고난 얼굴까지 개조한 리모델 미인들이 허세 대열에서 열을 올린다. 알사탕 포장을 아무리 화려하게 한들 사탕 맛은 맨 그 맛이다.

허세 병의 종착은 늘 몰락의 허무였다. '내가 내로다'하는 개인, '여기가 최고다'하는 부실회사, '이런 세상이 최고 세상이다'하는 포퓰리즘 정부, 모든 허세의 끄트머리는 허무와 저주였다. 빚으로 장밋빛 복지해 기울지 않은 나라 없었고, 허세의 몸으로 정치마당에 오래 서 있는 이 없었다. 흥과 쇠의 갈림길에는 선택의 명약이 있기 마련인데, 현명

한 선택은 오직 정직뿐이다. 아무리 궁해도 자신에게 정직했을 때 투혼은 배가되고, 이웃에 진솔했을 때 선의의 에너지는 모여들었다. 수군통제사 이순신은 중과부적을 고백하고 자신에게 정직했더니 어부의 어선들과 농부의 군량미가 저절로 모여들었다. 동창 모임에 가던 지하철 소란 옹翁은 허세 병 중환자인데, 이런 환자에게는 구급차도 가 줄 필요가 없다.

보리암 菩提庵

　　며칠 전 남해의 보리암에 다녀온 일이 있다. 불기에서 '보리'는 정각, 즉 올바로 깨닫는다는 의미이다. 승려가 수도하는 암자일 터인데 마치 대찰처럼 회자 되는 이유가 궁금했다. 무릇 깨달음이란 속인俗人에게는 먼 하늘의 별이니 관심조차 엄두를 내지 못했다. 금산錦山 정상의 화엄봉 암자가 왜 세인들의 입에 오르내리는지, 이번에 가보고 나서야 알게 되었다.

　굽이굽이 도는 리아스식 해안을 방패로 하여 숨은 듯 솟은 700여 미터의 금산의 산꼭대기, 가시 장미를 여는 5월의 붉은 햇살도 산허리의 두꺼운 해무를 뚫지 못하고 있었다. 회백의 구름에 올라 턱밑에 찬 숨을 토해내자, 거구의 기암들이 코앞을 압도하며 세속의 무게를 내려놓으라 한다. 멀리 한려 해상의 절경이 발아래에 부침하니, 앉은 자리가 곧 수직 절벽 위다. 바위틈에 엎드린 암자들이 미끄러질세라 운무 속에 아슬아슬하다. 아마도, 원효 대사가 암자를 지을 때, 대들보는 구름에 신고 기왓장은 바람에 띄워 기웃기웃 날랐을 것이다. 추녀를 밟을세라 뒤안길 몇 계단을 내려서는데, 한 줄기 해풍이 치솟더니 땀에 젖은 겉옷을 벗어 던지란다. 암반수 한 잔으로 목을 축이고 매무새를 잡으니, 마지못한 무례는 허락되는 모양이다.

고산 괴석의 사찰 풍광이야 이러려니 하지만, 문득 곤돌라(산악철도)에 매달려 올랐던 스페인의 몬세라트 바위산 꼭대기 수도원이 떠오른다. 오시의 염도와 해빛 전어 비친 고산 정상의 그 수도원도 돌리선 바윗돌 모양새가 이곳 보리암과 닮았다. 성당 안 성모마리아의 방에 안치된 새까만 마리아상은 억만 고행을 감내한 초연의 응축일 것이다. 신앙은 고통과 동행하는 먼 여행길이라던데, 보리암에 숨은 고행의 무게는 어떤 것인지 궁금하다.

수로왕이 이 자리에서 기도하여 가야국을 세웠고, 태조 이성계가 염원하여 조선 건국의 대업을 이루었다고 한다. 기원을 이루게 하는 관음 사찰이라서 간절히 염원하면 뜻을 이룬다는 곳이다. 여기 선은전宣恩殿에서 기도했던 이태조는 꿈을 이루면 보광산을 비단으로 덮겠다고 약속하였다. 훗날 산 이름을 금산錦山으로 하여 약속을 지키고, 보광사 절 이름을 보리암으로 고쳤단다. 보리수나무 밑에서 깨달은 석가의 영험을 조선 건국에 이은 이름이라서 예사롭지 않다. 좁은 난간에서 스치는 여승에게 짐짓 '보리'의 의미를 확인하여 보았다. "깨닫는다는 의미이지요." 낭랑한 한 마디가 천근이나 무겁다. 중생의 걷는 길이 아무리 고달프다 해도, 그까짓 고통이 불타의 고행에 비교할 수 있겠느냐는 충고일 것이다.

고개를 들어 하늘 끝을 쳐다본다. 간두에 올라서서 마천루를 쳐다보는 듯 아슬아슬 오금이 저린다. 거대한 빌딩들을 겹겹이 포개 놓은 절벽은 금방이라도 쏟아져 내려 흔적 없이 삼켜 버릴 기세다. 간절히 염원하는 무한의 힘이 지탱해주고 있을 것이다. 몬세라트 정상의 바위는 성모의 성령에 감읍하고, 화엄봉 기암은 관음 영력에 진배하는 일념일 터다. 좌우로 동자 바위들이 읊조리며 둘러서서 중앙을 옹위하니 발아래 수중 용왕과도 조우하는 모양새다. 신력이 자연력을 제어하는 신비의 자리에서 속인은 그저 구름 위에 떠 있을 따름이다.

"일심억념수원성一心憶念隨願成", 본전의 기둥에 걸어놓은 양각의 황금색 경구가 번쩍인다. '생각하는 바를 한마음에 모으면 원하는 대로 이룬다.'는 보리암의 사훈이리라. 몇 발짝 옮겨내려 선은전 앞에 서서 마음을 다시 가다듬는다. 이태조의 개국 반도에 평화를 염원해 보지만, 백가쟁명을 '한마음'에 모으는 데는 신력이 아니면 안 될 것 같다. 개국의 집념을 굳혔건만 파쟁의 500년 끄트머리가 시작을 무색하게 하였는데, 초심을 지키지 못한 왕국의 후회가 해무를 타고 올라와 선방을 맴돈다. 고개를 돌려 북쪽을 향하는데, 아득한 산 너머 하늘이 온통 시꺼먼 먹구름이다. 깨닫지 못하면 어둡기 마련인데, 제갈량의 동남풍이라도 불러와 쾌청을 도모해야 할까 보다. (2018년 5월 17일)

선비와 도끼

　　　　　　차관이 국장을 불러 장관의 경고를 전했다. '회의 때 장관 뜻에 반하는 의견을 말하지 마라.'였다. 귀를 의심한 국장은 장관과 다른 의견을 말했던 두어 번의 일을 얼른 더듬어낼 수 있었다. 양자 대면의 일자─ 충고와 삼자를 건너는 갈지之자 힐난은 모양새만 봐도 네 배 이상의 강도로 세게 꽂힌다. "중지를 모으자는 회의 아니던 가요?" 목에 걸린 가시를 내뱉듯, 국장의 대꾸는 받은 힐난의 충격보다 더 세게 나왔다. 처신을 살피게 해 주려다 머쓱해진 상관의 면전에 뱉어낸 부하의 다음 한 마디에는 더욱 가시가 돋아있었다. "목에 칼이 와도 해야 할 말은 해야지요!" 피의 왕 연산은 신하들에게 신언패慎言牌를 채워 입을 봉하고, 유일하게 진언했던 내관 김처선金處善의 팔다리와 혀를 잘라 죽였다.

　왕정 시대의 왕권은 무소불위다. 생사여탈이 군왕의 말 한마디에 달렸는데 왕명 불복은 위험천만이다. 하지만, 왕명 거부가 많을수록 그 임금은 현군이었고, 없을수록 무능한 폭군이었다는 역사 읽기가 있다. 조선 세종 때의 어전 회의에서는 신하들의 통촉하여 달라는 진언이 가장 많았다 한다. 신하가 임금에게 왕명을 재고해 달라는 진언은 군신 간의 소통이다. 신하는 선비로서 관직에 올랐으니 올곧은 선비일수록 올바른 진언을 했을 터다. 왕에게 하는 선비의 진언 자리에 날 선 도끼가 등장하기도 했는데, 신하의 말을 믿지 못하면 도끼로 목을 치라는 결기였다. 신하가 임금에게 목숨을 걸고 했던, 이른바 지부상소持斧上疏다.

고려의 충선왕은 아버지 충렬왕의 뒤를 이어 왕위에 오르자 부왕父王의 후궁을 범접하고 말았다. 왕실의 윤리 도덕이 아비의 여인을 탐하기까지 막장으로 가고 있었지만 아무도 절대자를 말릴 엄두를 내지 못 했다. 나라의 기강을 무너뜨리는 군왕의 패륜을 그냥 두고 볼 수 없게 되자, 감찰규정의 벼슬에 있던 선비 우탁禹倬이 지부상소에 나섰다. 흰 두루마기에 거적을 짊어지고 어전으로 들어선 선비의 한쪽 손에는 시퍼렇게 날이 선 도끼가 들려 있었다. 임금의 불의와 벌일 신하의 결투 신청이다. 선왕의 후궁을 숙비로 봉해 더욱 가까이하려던 충선은 신하의 도끼날에 눌려 더 이상의 패륜을 접었다. 그런 임금과 더불어 부질없는 벼슬에 연연하느니, 차라리 야인으로 돌아가 후학 양성에 정진했던 우 선비의 기개는 천둥이었다.

조선의 선조 왕은 내우외환을 못 다스린 임금에 든다. 임진년 왜란의 치욕도 충직한 신하들의 직언을 귀에 담아 듣지 않았던 데 있다. 동국십팔현東國十八賢의 대 선비이자 문신 조헌趙憲도 조정의 난맥을 규탄하는 직언을 여러 번 하였으나 파직과 유배의 응징으로 대했다. 구차한 관복을 벗어 던지고 초야에 묻혀 학문과 후학 양성에 매진하고 있을 때, 노략질할 길을 내놓으라는 도요토미의 사신을 맞고도 임금은 우왕좌왕하고만 있었다. 대궐 앞에 나아가 사신의 목을 베라며 사흘 동안 간했던 조 선비의 지부상소에 귀 기울였더라도 난국의 역사는 달라졌을지 모른다. 왜란이 터지자, 선비는 그 도끼날 기개로 구국 대의大義에 점화하여 의병장으로 싸우다 쓰러져 지금은 금산의 칠백의총 지하에서 만대를 노려보고 있다.

  흥선 대원군의 철옹성 섭정 권력을 몰아내 왕권을 회복하고 친일 조정을 규탄했던 선비 최익현崔益鉉의 지부상소도 있다. 들고 간 도끼가 신하의 목이 아니라 방자한 호가호위狐假虎威 권력의 끈을 끊었지만, 기우는 국운을 세우는 데는 때늦었던가 보다. 장령 관직을 벗어던진 최 선비의 기개도 늑약에 짓밟힌 국권 회복의 독립 의병장 횃불로 옮겨갔다. 74세 노 선비의 꺾일 줄 모르는 기개는 청사에 면면히 이어져 내려온 선대의 선비 정신이었을 것이다. 명장은 덕德으로 명 줄을 거느리고, 그 덕은 대의에서 나온다. 대의는 정의를 혼으로 하므로 아무리 짓밟아도 꺾이지 아니한다.

  역사는 과거를 뿌리로 하여 현재에 있고, 현재를 본령으로 미래에 영속한다. 크로체B.Croce가 "모든 역사는 현대사"라고 말한 의미이다. 왕조 시대의 선비 정신은 오늘의 공화국 공직자의 영혼이자 뿌리이다. 천둥 같은 도끼날 기개는 역사와 함께 이어져 왔을 터인데, 미래로 이어져야 할 지금의 도끼 정신은 도무지 보이지 않는다. 한때의 양지에 '노 키즈존No Kids-Zone'의 금줄을 치고 그 안의 세상이 전부라고 우겨대지만, 사람들은 지평선 너머에 광막한 천지天地가 있다는 것을 안다. 진언 불허의 소통 봉쇄는 폭군의 독단을 낳을 뿐인데, 옛 선비들의 영정 앞에 나가 도끼 한 자루 물려주십사 기도해 봐야겠다. 계수나무 베려는 금도끼가 아니라, 독단의 금줄 끊을 무쇠 도끼면 충분할 것이다.

(2019년 5월 25일)

병사兵士와 명예名譽

　　　　　　　　　　미국의 전쟁 영화에서 잊히지 않는 장면이 하나 있다. 정장한 의전 장병들이 전사한 동료의 관을 하관하기 전에 관을 덮었던 성조기를 접어서 유족에게 전달하는 장면이다. 절도 있는 동작으로 몇 번을 접어 성조기의 별이 위에 오도록 해 정중하게 유족에게 건넨다. 국가를 위한 희생의 대가로 국기를 받아든 유족이 오열하지만 슬픔은 절제되고 엄숙하다. 기껏 한 장의 헝겊으로 잃은 목숨에 보답이 될까만, 국민은 국가의 명령에 따르는 군인을 믿고 존경한다. 군인은 자신이 신뢰와 존경을 받는 군인인 것이 명예롭고, 언제든지 희생할 준비가 되어있다. 망자의 육신은 그런 명예와 함께 지하에서 영면하고 유족은 같은 명예를 하나 더 국기에 담아 받는다. 명예가 곧 보상이며, 그 명예는 영원하고 빛이 난다.

　　2014년, 아프가니스탄 전쟁에 파병되었던 미군 알버트 마를Albert Marl 상사는 종전으로 귀국 비행기에 올랐다. 훈장으로 번쩍이는 제복을 입은 채 좁은 좌석에 장시간 앉아 가려니 구겨질 것이 걱정되었다. 상의를 벗어 옷장에 좀 보관해 달라고 승무원에게 부탁했지만 이코노미 승객인 그에겐 일등석 승객에게만 허용되는 옷장 이용이 거부되었다. 이를 지켜보던 한 노신사가 승무원을 크게 나무라면서 자기의 옷장을 쓰라고 권했다. 이어 다른 일등석 승객들도 자리까지 양보하려 했지만, 상사는 정중하게 사양했다. 항공사는 나중에 크게 사과문을 내지 않을 수 없었다. 훈장 달린 제복을 구기는 것은 곧 명예를 구기는 것이다. 성숙한 사회는 군인의 명예를 이렇게 무겁게 본다.

   워싱턴 D.C.의 한국 전쟁 추모 공원에는 군인의 명예가 어떤 것인지를 확인해주는 석조 조형물이 세워져 있다. "자유는 자유롭지 않다". "국가는 미지의 나라를 지키는 부름에 대답한 그들의 아들딸들에게 명예를 주노라." 이것 말고도 군인의 명예를 기리는 기념물이 많다. 콜로라도주 볼더시에 있는 콜로라도 주립 대학교 박물관 현관 벽에 새겨놓은 한국전쟁 전사자 명단은 가슴을 뭉클하게 한다. 당시 재학 중이었거나 졸업생으로서 미지의 나라, 한국전쟁에 참전했다가 전사한 백 수십 명의 이름이다. 전사자와 그 가족을 넘어 학교의 명예로 새겨둔 것이다. 양차 세계대전 참전 명장 마셜장군 George C. Marshall의 이 한 마디는 평범하지만 무겁다. "군인의 영혼은 그가 가진 육신보다 더 중요하다."

   명예는 숭고함에서 온다. 군인임이 명예로운 이유는 그 임무가 국가와 민족을 위해 목숨까지 바치는 무한 봉사로 숭고하니까 그렇다. 아무리 큰 희생이 따른다 해도 사사로운 이익을 위한 것이면 떳떳할 수는 있어도 명예롭다고는 할 수 없다. 천안함 폭침에 희생된 장병들과 그 유족은 명예롭지만 세월호 참사의 희생자들과 그 유족들은 애석하기는 해도 명예롭다고는 할 수 없다. 억만금의 업적을 일군 회사의 일꾼은 그저 공로자일 뿐이지 국가가 영예의 훈장을 주지는 않는다. 군인에게 명예는 곧 사기士氣다. 사기가 타올라야 명예에 빛이 난다. 거기에는 국민의 엄호가 필수다.

"나는 전쟁이 얼마나 구역질 나는 짓인지 안다. 더 구역질 나는 것은 전쟁에는 나가지 않으면서 전쟁을 찬양하는 자들이다." 프랑스의 작가 로맹 롤랑Romain Rolland이 한 말이다. 다른 사람이 지켜주는 울타리 안에서 혼자의 자유를 누리고자 하는 거야말로 목구멍이 막힐 정도로 구역질 나는 일이다. 징병제의 군역을 운영하는 우리 중에 누군가는 병역을 피하려는 것 아닌지 의심하는 이 없지 않다. 더구나 지도층에서 그런 의심을 받는 일은 군의 명예에 오물을 끼얹은 일이다. 그들이 그런 요행을 꽃인 양 착각하겠지만, 오물통 속의 장미는 향기가 없다. 원하는 것 전부 손에 넣고서는 결코 떳떳할 수 없다. 미군 병사의 명예가 성조기이듯 대한 병사의 명예는 태극기이다.

악법 惡法

아내는 미성未成의 시누이와 한동안 관계가 덜커덕거렸다. 흔히 있는 시누이와 올케 간의 갈등이겠거니 했지만, 이 병은 치유가 힘 드는 병이라 하니 은근한 걱정이 일었다. 그런데 발병 원인은 의외로 단순했다. 끼니때 밥솥에서 밥을 푸는 순서 때문이었다. 아내는 남편-시모媤母 순인데, 시누이는 그 반대다. 관직에 올라 가정을 꾸리는 대주大主가 선순先順 인지, 손위 어른이 선순 인지는 아무 규범에도 명시가 없다. 아내의 사회적 지위와 역할 중시 대 여동생의 장유유서 관습 간의 충돌이다. 한쪽이 다른 한쪽을 배척하면 바로 악법 배척의 논리가 된다. 관습법도 성문법과 똑같이 사회를 규율하는 규범이다. 어느 쪽이 선善이고 어느 쪽이 악惡인가로만 보면 선과 악의 대척이 된다.

가정, 사회, 국가는 살아 움직이는 유기체라서 항상 가변적이고 지배하는 규범도 영구불변이 아니라 시대에 따라 달라진다. 전통과 관습은 눈에 보이지 않으니 훈육과 체험으로 은연중에 전수되고 성문 법규는 학습으로도 익히게 되어있다. 성장기의 가정 훈육이 강조되는 것은 인격 형성이 주로 이때 이뤄지고 가정생활의 체험으로 자연스레 전수되기 때문이다. 성장한 가정이 다르니 사회를 움직이는 규범을 이해하고 실천하는 방법도 주관에 따라 다를 수밖에 없다. 자기 견해에 반하는 다른 규범을 악으로 배척하려는 뿌리가 여기에 있다.

1980년대 말, 우리 사회의 악법 논쟁은 경천동지했다. 회사 사장을 드럼통에 집어넣고 굴리면서 노동악법 한풀이를 하는 정도였으니까. 과거 정부의 법은 악법이어서 법이 아니라는 배척이었다. 법을 만드는 의회의 어느 의원조차도 무법의 현장에 나가서 악법을 배척하라고 독려했다. 악한 법과 선한 법의 기준은 있는가? 그리고 진정 악법은 법이 아닌가? 국민의 대의기관인 의회에서 만든 성문법인데도 그런가? 때가 변해서 사회현상이 달라지면 규율하는 규범도 바꿔야 하지만, 있는 법이 새 법으로 바뀔 때까지는 어쩌나? 헌법 기관이 악법을 죽일 때도 새 법을 준비하기까지는 유예 기간을 두고 악법이라도 기능을 잠정 유지하도록 한다. 이런 절차가 민주주의다. 이거 말고 법을 거부하는 방법으로는 혁명 말고는 없다.

서양철학의 아버지 소크라테스는 진실을 말하는데 굽히지 않다가 투옥되고 끝내 권력자가 내린 약 사발을 받고 목숨을 내놓았다. 울피아누스가 '악법도 법이다.'라고 한 것은 소크라테스의 죽음도 악법에 의한 것이지만 법에 따른 것이었으니 어쩌겠느냐는 의미다. 악법이 법이 아니라고 해버리면 약 사발을 내린 권력자는 살인자가 되는데, 그의 무덤은 부관참시 되어야 할 것이다. 전제군주 하에서 악법에 희생된 수많은 백성, 신하들이 있었지만 부관참시한 군주를 아직 듣지 못했다.

가가례家家禮라 말하듯, 가문마다 예절은 다르다. 같아도 달라도 모두가 존중되어야 할 예절이지, 비난하고 배척할 대상은 아니다. 그런 차이 모두를 포용하는 과정에서 전체 사회의 조화를 이루는 문화의 싹이 자란다. 결과가 아무리 정의롭다고 하여도 과정을 중시하는 것에 민주주의의 가치와 묘미가 있다. 그래서 민주주의는 까다롭고 어렵지만 정겹고 아름답다고 말한다. 소크라테스의 죽음도 민주주의라는 거목에 거름이 되었다. 밥 푸는 순서에 문제가 있으면 순서를 조정하면 될 일이지 밥솥을 엎으면 가족 모두가 굶게 된다. 악법의 저주와 조화를 같은 밥솥 안에서 익혀내어야 한다.

두샨베Dushanbe 수수께끼

2002년, 소한 추위가 한창일 때 나는 파미르 고원의 옛 실크로드 서쪽 끝을 밟았다. 타지키스탄 공화국(타지크)의 치칼로프스크 공항에서 수도 두샨베행 항공편을 기다리고 있었다. 출발 시각 오후 3시 40분이 다가오는데, 왠지 탑승 수속의 기색이 없어 왜일까 하였는데, 터미널에 승객이 성성하니 서두를 필요가 없겠거니 느긋하게 생각했다. 그런데, 시간이 훨씬 지나도록 안내가 없고 동행하는 일행이 긴장한 듯 왔다 갔다 하니 슬그머니 걱정이 일었다. 영접하던 현지 시장도 연유를 모른다니 무슨 말 못 할 사연이 있는 건지 궁금증은 자꾸 더해갔다. 영하 25도를 밑도는 고원의 창밖에는 세찬 바람이 윙윙 함박눈을 휘몰고 있었다.

잠깐의 석양이 후딱 어둠으로 바뀌자 슬금슬금 승객들이 동요하기 시작했다. 산악 도시의 해진 뒤 추위는 상상을 초월했다. 짐짝 속의 털 장비를 동원해도 등골이 시려오고 콧날은 바늘 끝처럼 따가웠다. 한참

동안 발을 구르는데 이윽고 셔틀버스가 오고 시장과는 작별 인사를 하였다. 눈보라 속 희뿌연 유리창 밖은 한 발짝 앞도 분간하기 어려웠다. 버스가 느릿느릿 활주로를 가로질러 한참을 가다가 크게 원을 그리더니 오던 길로 되돌리고 만다. '기상 악화로 운항이 취소되는가 보다!' 안내가 없고 말이 낯서니 눈치로 짐작할 뿐이다. 속수무책인 일행은 서로 얼굴만 쳐다보며 걱정만 키우고 있었다.

   대합실 앞에 승객들을 토해 내놓고 버스는 그냥 가버렸다. 아무도 아무 말 없이 그저 닭 쫓다 울타리 쳐다보는 개 신세다. 시린 발을 동동거리기를 한참. 드디어 정장 차림의 남정네 서넛이 무리에 합류하더니 셔틀버스가 다시 와서 섰다. 누군가가 굽실거리며 그들을 먼저 버스로 안내하자, 또 다른 누군가가 그 나라 체신부 장관 일행이라고 수군거렸다. 그럴까? 설마 장관이 항공기 운항을 세 시간 이상이나 붙들어 놓았을 리야…? 미지의 땅에서 맞닥뜨린 첫 번째 수수께끼다.

   꽁무니 밑으로 내린 비행기의 수직 계단으로 짐 가방을 끙끙 기내로 끌어 올려놓고 앉을 자리를 찾지만 이미 빈자리는 없다. 탑승권에 좌석 지정표시가 없는 이유를 그때에야 깨닫는다. 탑승 정원이 없기 때문이다. 50여 석의 좌석 말고 복도에도 빽빽이 서야 하니 서울의 출근 시간 만원 버스 같다. 눈보라를 삼키고 내뱉는 엔진의 이륙 굉음에 기체는 온통 폭풍 속에 양철지붕 처마가 된다. 천산 준령이 낮은 언덕이 아닌데 도전할 수 있을까? 다리 꼬아 앉은 장관이나 복도에서 비틀거리는 '인민'이나 안전에 차별이 없으니 목숨 거는 역설의 평등이다. 기막힌 정경에 사색이 된 일행 중의 누가 먼저인지 웃음보를 터뜨려 킥킥대며 한동안 배꼽들을 쥐어뜯는다.

웃을 일이 아닌 일로 웃다가 불안한 정적이 한 시간 반 정도 이어지더니 비행기 엔진 소리가 목이 쉰 소리로 바뀌었다. 고막에 비행고도를 낮추는 신호가 잡히자 또 다른 불안감이 엄습했다. 항공기는 이륙보다 착륙 때의 안전이 더 중요하다고 하던데…? 체중의 관성을 버티느라 의사 등받이에 매달리시만 이젠 오금마저 굳어서 서 있기가 혼미 상태다. 저만치 길게 앉은 장관이 자꾸 눈에 걸린다. 만민의 평등이라던 그 평등은 어디에 뒀을까? 두 번째 수수께끼였다.

늦은 밤에 여장을 푼 숙소, 두샨베 호텔은 수도 두샨베에서 가장 큰 호텔이라니 그 나라 최고였을 거다. 오그라든 동태의 몸을 녹여줄 따뜻한 방이 필요했지만, 그건 꿈이었다. 설렁한 욕실의 수도꼭지를 틀었으나 차가운 녹물만 졸졸. 냉기 가득한 방에서 볼멘소리로 서비스 맨을 불렀더니 양반네 초상집 일 보는 하인이었다. 한참을 만지작거리다가 휑하게 가버리고는 함흥차사다. 옆방의 일행도 'SOS'를 보냈지만 소용없다나. 날 밝기 무섭게 야단법석을 떨었건만 며칠 투숙 기간 내내 달라지는 건 없었다. 70여 년 넘게 장막을 치고 인민에게 철 가면을 씌워 무쇠 심장으로 만들어 놓았으니 나머지 수수께끼는 보나마나일 것이다.

공산주의 종갓집 파산 선고가 있은 지 12년이나 지난 그때였지만 위성국에 드리워졌던 독재의 잔영은 뼛속에서 지워지지 않고 있었다. 유인 우주선을 제일 먼저 쏘아 올렸지만, 인민이 타는 여객기는 라이트

형제의 날틀 수준이었다. 인민의 후생은 선반 위에 얹어 두고 당 간부만 아랫목을 차지했으니 표트르 대제의 지하 한탄 소리가 들리는 듯했다. 인간 존중이나 창의와 경쟁이 없었으니 전진의 진보도 없고 의식은 백년하청임이 분명했다. 인민 부속품을 독점한 공산 사회가 마르크스가 그렸던 무산계급의 낙원이었을까. 나그네의 여행 호기심이 연기가 되는 데는 긴 시간이 필요 없었다. 독립 30년이 지난 지금의 타지크는 얼마나 전진해 있을지, 새로운 수수께끼 하나가 더 추가된다.

　서울 장안의 촛불 함성이 예사가 아니었다. 민주 역사를 엮어내는 진통은 이렇게 수월하지가 않다. 진화進化에 산통産痛은 필수다. 전체주의는 흘러간 역사인데, 와중에 자꾸 그쪽으로 퇴화하자고 외치는 소리가 있는 듯 들리기도 한다. 진통의 촛불 그늘에 숨어서 시대 역행을 외치는 이 있어서인가. 여객기의 출발 시각쯤은 아랑곳하지 않던 레닌의 흔적은 자꾸 '우리식 사회주의'를 떠받드는 아무개와 겹쳐진다. 타지크의 흐렸던 겨울 나그네가 서울에서도 개운치 못하다.

뿌리

　　　　　　울릉도 도동항의 깎아지른 절벽 위에 향나무 하나 꺾어 서 있다. 바위산 절벽에 뿌리를 걸고 매달려 산지 2천 3백여 년이다. 돌 틈에 뿌리를 꽂아 수분과 영양이 부족하니 가지를 뻗기보다는 안으로 향만 농축해 와서 별명이 '석향石香'이다. 벼락에 그을리고 해풍에 꺾인 흔적이 흑룡黑龍을 닮아 위용이 경이롭다. 나무 둥치의 인내도 경탄이시만 바위틈의 뿌리 억척이 외경 말고는 할 말을 잊는다. 땅속으로 뻗는 다른 나무의 뿌리와는 달리 옆으로나 위로도 뻗어 바위틈에 발을 꽂고 세월을 버틴다. 섬의 여기저기에서 대양에까지 향 내음을 보내고 있는 다른 향목도 이 노목의 같은 후손일 것이다. 그들은 그나마 바위 절벽은 피해 있어 조금은 낫게 번연蕃衍하고 있는 것 같다.

　'뿌리 깊은 나무는 바람에 흔들리지 않는다.' 나무의 뿌리는 땅속 수액을 빨아들이는 한편 땅 위의 몸체가 흔들리지 않도록 지탱해주는 버팀목 일을 한다. 비바람에 흔들리면 흔들릴수록 뿌리는 더욱 굳세게 뻗고 뻗는 훈련을 쌓아 거센 풍우에 견딜 힘을 키워나간다. 나무의 실체는 땅 위에 보이는 둥치가 아니라, 땅속의 뿌리라 하겠다. 물체의 밑둥치나 사실의 근본을 뿌리라고 하는 이유다. 서양인들은 가계(족보族譜)를 서 있는 나무로 그린다. 조상의 뿌리와 기둥이 튼튼해야 후손 가지의 번영이 융성하듯, 뿌리는 곧 역사이고 오늘이자 미래이다. 오늘의 나는 과거의 누구를 뿌리로 하며, 미래의 누구에게 어떤 뿌리가 될 것인지를 생각하면 그믐밤 하늘에 별을 보는 듯 선명해진다.

미국의 흑인작가 알렉스 헤일리Alex Haley는 영화『뿌리Roots』의 원작을 썼다. 흑인 노예의 후손이 본인의 뿌리를 확인하기 위해 아프리카의 오지에 살았던 7대 선조 '쿤타 킨테'를 추적한 눈물겨운 이야기이다. 그는 이미 명망을 쌓은 자유 시민이었는데도 구태여 노예 뿌리를 확인하려 한 의도는 무엇이었을까? 납치되고 팔려온 조상을 밝힌들 무슨 의미가 있었을까? 인류 배반을 고발하려는 것 말고, 아마도 동족의 뿌리를 찾아 정체성을 확인하고자 함이었을 것이다. 뿌리 없는 민족은 영원한 방황이고 부유하는 이방인일 뿐이다. 그의 뿌리 확인은 그래서 역작이다.

북미 대륙의 원주인은 아메리칸 인디언이었다. 20만여 년 이전부터 아시아에서 건너가 터를 지킨 안방 터줏대감은 그들이다. 침입자들에게 쫓기고, 할퀴이고, 약탈과 살육을 당한 지 수 세기 만에 그들의 흔적은 점점 사라질 위기에 처했다. 고유 언어와 문자도 사라지고 혈통의 번성 기회도 뿌리째 뽑혀나가고 있다. 강자의 발굽에 밟혀 아기 엉덩이에 있던 몽고점의 종족 나무 흔적이 고사 직전이다. 지켜지지 못한 뿌리는 영혼마저도 잃게 되는 것인데, 그들의 조상은 저승에서 매우 슬퍼할 것이다. 깊은 산 오지에 몰아넣고 보호한다(?)고는 하지만, 떠난 영혼을 불러들이고 잘려나간 뿌리를 살려내기란 기대난망이다.

  뿌리에서 길어 올린 수액이 나무를 키우는 자양분이듯, 문화는 민족을 지탱하고 영혼을 살찌게 한다. 언어, 문자, 전통은 문화의 줄기다. 민족의 나무는 문화 없이는 지탱될 수 없다. 강토를 짓밟았던 일제가 배달 민족의 문화 말살에 혈안이었던 것도 우리 뿌리를 없애고 왜의 뿌리를 가져와 이식하려는 폭압이었다. 배달 민족 뿌리의 힘으로 저항하여 문화를 보존했기에 오늘의 우리 나무가 있다. 바위틈의 향나무나 기암절벽의 노송이 건재함은 그 뿌리 힘에 근거한다. 지금 우리가 반만년 조상 뿌리로 서 있고 내일의 후손들도 오늘의 우리를 뿌리로 하여 번영을 이을 것이다. 뿌리의 힘은 위대하고 영원하다.

유감 遺憾

사람에게는 자기가 듣고 싶은 말만 골라 듣는 선택적 지각 능력이 있다. 아무리 심한 소음 속에서도 듣고 싶은 소리만 골라 듣는 신통한 능력이다. 인간의 능력이 무한이라 하지만 들리는 모든 것을 빠뜨리지 않고 동시에 들을 수는 없다. 많은 사람이 운집한 칵테일 파티장은 무척 소란스럽다. 그렇지만 웅성거리는 소음과는 무관하게 마주한 사람과의 대화만은 즐길 수 있다. 일컬어 칵테일파티 효과다. 쓸데없는 소음은 흘려보내고 필요한 소리에만 집중할 수 있는 능력은 선택적인 지각 능력에서 나온다. 진리의 소리에 귀 듣고, 정의의 입 말하며, 머리의 사유에 집중하는 일은 문명을 창달하는 동력이다. 그 지각 능력을 체험하는 학교 강단의 존재가 그래서 존엄하다.

학기 말이 되면 K 교수는 학생들에게 한 학기 동안 수강한 과목의 소감을 적어 내라는 과제를 준다. 학생들의 수강 성적을 평가하는 데 요긴한 보조 수단이 될 수 있어서다. 100여 명의 소감문을 일일이 정독해야 하는 적잖은 어려움을 각오하고 하는 일이다. 소감이란 느낀 바의 생각을 쓰는 일이고, 어떤 생각을 했는지는 강의 내용의 이해 정도를 평가하는 수단이 될 테지만, 매번 결과는 유감이었다. 학생들은 눈만 멀뚱히 뜨고 귀를 닫은 채 듣는 시늉만 했다는 의미다. 대학 4년 동안 듣지도, 깊이 생각해 보지도 아니하고 머물기만 하다가 교문을 나선다. 애당초 사유의 머리만을 생각할 것이 아니라 감각의 귀도 염두에 두었어야 했다. 어디를 가나 파티장이지만, 강의에까지 귀 닫을 줄을 모른 K 교수의 무능은 유감이다.

문득 초등학교 6학년 때의 담임 선생님이 떠오른다. 책이 귀하던 1950년대 초반 그 선생님은 고전 『홍길동전』을 연재소설처럼 나누어 한 주에 두어 번씩 낭독해 주셨다. 수업이 따분해서 책 읽어 달라며 졸라대는 아이들의 눈에는 초롱초롱 불이 켜져 있었다. 액션 영화 장면처럼 펼쳐지는 종횡무진의 활빈당 쾌거에 환호할라치면 다음에 전개될 장면을 연상해 오라는 숙제가 주어졌다. 환상의 꿈을 그려가는 숙제는 신이 나서 머리의 생각이 없고 귀의 감각만 있는 요즘의 교실과는 달랐던 것 같다. 정답 찍는 훈련에만 익숙해진 학생들에게 소감을 요구한 K 교수는 한참이나 잘 못 짚은 과욕이었다.

지난 설날에 썰렁하던 집에 모처럼 가까운 집안의 조무래기들이 몰려들었다. 저마다 구석구석에 쪼그리고 앉아서 들고 온 스마트폰에만 빠져있었다. 몰라보게 자라난 아이들의 얼굴을 익히기 위해 통성명하려 했지만 눈 맞추기가 쉽지 않았다. 여남은 족히 넘을 유치원이나 초등학생 무리인데도 분탕질을 걱정할 필요는 없었다. 아파트 아래층에 층간 소음 양해를 미리 구해 뒀지만 지레 먹은 겁일 뿐이었다. 이윽고 세배 말이 나오자 스마트폰 '경연'은 일시에 중지되고 그제야 눈을 마주할 수 있었다. 그들의 초롱 눈에 혹여 선택적 지각 능력이 작동해서 '세배'가 아니라 '세뱃돈'에만 주목하지는 않았을까. 고사리손에 용돈을 쥐여 주면서 나중에 이 아이들만은 수강 소감을 제대로 써낼 수 있기를 바랐다.

충신들의 십만 양병 진언에 귀 닫고, 가자미 눈의 간신들 간계에 빠져 강토를 내놓았던 과거가 있다. 듣고 싶은 말만 골라 듣는 위정자의 잘못된 지각 능력이 왕국을 위기에 몰아넣은 역사다. 강산이 찢기고 몽매한 백성들의 시체가 집단처럼 나뒹굴게 된 것은 속절없는 파당의 한쪽 소리에만 귀 열었던 결과다. 다행히 충절이 죽지 않아 가까스로 도적을 내몰고 문단속을 했지만, 평안은 온전하지 못했다. 듣기 좋은 말 싫다 할 사람 있으랴만, 감언이설 뒤에 숨은 함정만은 헤아릴 수 있는 지각능력을 갖출 일이다. 오발탄 청문聽聞으로 잘못 들어선 늪을 탈출하는 일이 얼마나 어려운지는 나라님도 잘 안다.

파티장이 질펀하다. 편식 꾼 홀리는 가짜 먹거리의 칵테일파티는 시도 때도 없이 흥청거린다. 정치라는 이름의 파티장은 그중에서도 압권이다. 편식에만 익숙해진 기관사의 고장난 파티 열차는 혼란을 넘어 광란이다. 질풍 광란이 아무리 거칠어도 가는 길 잃지 않으려면 귀 열고 지각 나침판만은 놓치지 말아야 한다. 좋은 약은 입에 쓰다. 학교 강단의 쓴 약이 모두 동나고 열린 귀의 지성들이 교문을 나와 연회장의 품위를 높여 놔야 할 때다. 차라리 선택적 지각 능력이 무딘 학생들에게만 입학 자격을 주었더라면, K 교수가 읽은 수강 소감은 유감이 아니었을지도 모른다. 생각과 샘은 깊을수록 맑다. 소감이 유감이 아닐 때를 기다린다.

이 세상 모두가 저만 잘난 양, 본분 망각의 망나니로 나대지만 겸양 회초리 드는 이 아무도 없다. 바라보고 듣는 눈과 귀에 쌓이고 쌓인 때를 강물에 씻어 버리려 해도 백석창파가 흐려질까 두렵다.

-「임금님의 겸손」중에서

5부
임금님의 겸손

어떤 여인

　　　　　　서로 가깝게 사귀어 도타워지 정을 정의情誼라 한다. 정이 쌓이고 쌓여 두꺼워져야 하니 돈독한 정의가 되려면 오랜 시간을 두고 정을 쌓아야 할 것이다. 가까운 친구라도 죽마고우처럼 오래된 친구라야 정의가 남다르다 할 수 있다. 쉽게 사귀어 정 잘 주고받는 사람도 있고, 굼떠서 오래 뜸 들이는 정 없어 보이는 사람도 있으니 사람마다 정 쌓는 시간에 장단의 차이는 있게 마련이다. 하지만 마음의 문을 활짝 열고 서로 상대 마음의 밑바닥 진심을 들여다보며 간담상조肝膽相照한다면 그리 긴 시간이 필요하지 않을 수도 있을 것이다.

　아주 오래전 공직의 민원 부서에서 근무할 때다. 직조 공장에서 일하던 한 아낙네가 오랫동안 못 받은 월급을 받게 해달라는 민원을 처리한 일이 있다. 젖병 꼭지를 입에 물고 옹알대는 젖먹이를 등에 업고 나타난 여인은 행색으로 보아 아주 딱한 처지임이 분명했다. 사장의 위압에 눌려 차일피일하다가 어쩔 수 없이 관청 문을 두드린다는 편지를 이미 읽은 뒤였다. 자주 듣는 사연이기는 해도 등에 업혀있는 아기가 눈에 걸렸다. 품 안에서 젖을 물려야 할 아기를 떼어놓고 엄마는 밤낮없이 베틀 앞에서 고단한 공장 일을 했을 것이다. 성의를 다해 일이 일사천리로 해결되자, 그녀는 감개무량하여 책상에 이마가 닿도록 두 번, 세 번 절하고 돌아갔다.

잠시 뒤, 그 여인이 다시 사무실 창밖에 나타나 기웃거리는 것이 아닌가. '왜 저러실까?' 저만치 시선이 마주치자 얼른 물러서며 피하는 척하더니 다시 다가서서 까치발을 하는 걸 봐서 나더러 문을 열고 맞이하라는 신호인 듯 보였다. 문을 열자 그녀는 안절부절못하면서 고개를 숙인 채 아기 엉덩이를 받치고 있던 두 손만 불쑥 내 코앞에 내밀었다. 신문지에 싸인 자그마한 물건을 든 그녀의 여윈 손은 풀잎처럼 떨고 있었다. "이게 뭡니까…?" 겹겹이 싸인 신문지를 풀고 나니 그녀는 어느새 휑하니 사라지고 없어졌다. 두 갑의 담배였다. 집에 가져가서 힘든 일 나갔을 바깥양반 드리라 하지 못한 것을 크게 뉘우치며 장승처럼 그 자리에 한참을 서 있었다.

진심을 사람마다 가지고는 있어도 쉽게 드러내지는 않는다. 품삯이 미뤄진 데는 필유곡절이겠지만 구구절절 사연을 들어볼 필요를 느끼지 않았다. 그 무슨 곡절이 그녀의 고된 땀 값보다 엄중했으랴. 엄마 새의 등에는 새끼 새 하나가 업혀서 먹이를 기다리고 있지 않던가. 아마도 그녀의 언덕배기 쪽방 쌀자루에 남은 알곡이 그 날 저녁밥 짓기에도 충분하지 않았을 것이다. 땀값을 받아 든 어미 새는 새끼 새를 등에 업은 채 담뱃가게로 달려가 꼬깃꼬깃 신문지에 '담배 선물'을 쌌던 거다. 자신의 딱한 사정을 읽어준 진심에 고마워하며 그녀의 진심도 내보여주고 싶었던 거다. 아낙네와 나는 이미 서로의 간과 쓸개를 들여다본 건데, 생면부지로 짧은 시간에 오간 이런 경우의 정도 정의에 해당할 것이다.

 이제 와 담배 뇌물을 정의情誼라는 보자기에 싸서 감히 미화하려 든다. 반성도 후회도 늦을 만큼 뻔뻔스럽게 보일 수도 있겠다. 아기 우유병을 더 채우도록 즉석에서 거절하는 기지를 발휘했더라면 좋았을 것이다. 그렇지만 그런 처신이 너무 가혹하게 비치지는 않았을까 하는 의문은 남는다. 호의好意 배척은 세심해야 하고 그만큼 실행하기도 어렵다. 사양辭讓과 거절은 자칫 배신의 화살로 보일 수도 있기 때문이다. 귀하지만 보기 힘든 모처럼의 진심을 그냥 받아서 오래도록 간직하게 되었다. 우연히 만났던 한 여인과 오간 이 정의가 나를 평생 공직의 한 우물을 파도록 묶어놔 버렸는지도 모른다.

담배

　　　　　　어렸을 때, 기다란 담뱃대를 물고 사랑방 툇마루에 서 계시는 할아버지 모습은 위엄이었다. 화롯전을 땅! 땅! 크게 내려치시는 담뱃대 소리는 지존이 집안에 계신다는 신호였다. 아이들이 떠들어대다가도 그 소리가 울리면 쥐구멍에라도 들어갈 듯 숨을 죽였다. 하지만 부드럽게 은은히 울리는 담뱃대 소리는 화롯불이 식어간다는 신호여서 어머니가 새 불을 담아드리곤 하셨다. 같은 담뱃대라도 아버지의 곰방대 길이는 할아버지 것의 절반을 넘지 않았고 화로를 내려치지도 못하셨다. 규범의 법도가 담뱃대에 있었다. 담배에 질서가 있고 소통하는 수단이 숨어 있던 것이었다. 얼른 자라서 무언의 규범, 담뱃대의 주인공이 되는 것이 꿈일 때가 있었다.

　마야문명의 인디오들은 수천 년 전부터 그들의 신에게 제사를 올릴 때 담배를 이용하였다. 인간이 연기로 신과 통했던 신비가 담배의 기원이다. 콜럼버스 이후 신대륙 약탈 함선의 선창에는 담배도 실려 있었던가 보다. 장물臟物의 전파는 시공을 뚫는 또 다른 마력이어서, 마크 트웨인은 "천국에 시가cigar가 없다면 가지 않겠다." 고 고백했을 정도다. 연기로 신과 통할 만큼 신통력을 지니고 파죽지세였던 담배지만, 지금은 그런 마력도 억센 저항에 맞닥뜨리고 말았다. 흡연은 인간 생명을 위협한다고 엄중히 경고하기 때문이다. 담배 사랑에 빠진 애연가들은 진퇴양난에 빠졌다. 담배를 따를까, 건강을 따를까, 성춘향의 일편단심 남원 사랑이 심순애의 부벽루 짝사랑 처지에 놓인 셈이다.

영국의 처칠 경과 미국의 맥아더 장군은 줄담배꾼이었다. 파이프 담배를 물고 전선을 응시하는 그들의 사진이나 영화 속의 장면을 대하는 것이 로망일 때가 있었다. 할아버지의 담뱃대 향심向心에서 비롯되었을 것이다. 전후 세대인 그때의 아이들에게 두 명장의 장면은 멋 그 자체였다. 처칠의 지하 전쟁 상황실에는 담뱃재만 버리는 붉은색 쓰레기통을 따로 두고, 전쟁 상황판의 벽에는 아예 라이터를 매달아 두는 끈이 있었다. 명장 되는 것이 꿈이었던 나의 어릴 때는 담배도 당연히 배워야 할 필수로 믿었다. 뒷날, 몰래 훔친 궐련 한 모금을 들이켰다가 재채기로 네 방구석을 헤매고 난 뒤에는 순애가 수일을 차듯 군인의 꿈을 걷어차 버리고 말았다.

삼키는 담배 연기로 사색의 마당을 넓힌다든지, 내뱉는 연기에 근심을 날려 보낸다거나, 심지어 연기로 상상을 끌어온다는 등이 호연의 변이다. 득보다 실이 크다고 하면 소탐대실의 손익 계산은 분명히 할 때가 되었다. 생명을 갉아먹는다는 과학의 말은 진실이니까. 담배가 공공의 적이 되어버린 지금, 흡연을 불법으로 다스리거나 담배 공장을 폐쇄해버리면 좋겠지만 기호품을 즐길 수 있는 자유와 충돌하니 못 그러는가 보다. 한 손으로 무한정(?) 담배를 공급해 주면서 다른 한 손으로는 흡연을 악으로 보고 막아야 하는 모순은 분명 딜레마다. 자기보호를 위해 스스로 결단을 내리는 선택이 기다릴 뿐이다.

 아리스토텔레스가 진리를 찾아 목말라 했을 때 담배를 입에 물었다는 기록은 어디에도 없다. 미켈란젤로가 〈천지창조〉의 영감을 표현하려 했을 때도 담배 연기를 빌리지는 않았다. 담배가 보급되기 이전의 그들에게는 신이 없었고, 사색이나 근심이 없었다는 말은 아닐 것이다. 담배의 진화가 궐련에 이르자 옛날의 담뱃대 풍속도도 사라진 지 오래다. 애연가들 호연의 변도 습관의 문제로 격하될 수밖에 없다. 공기를 떠나서 살 수 있는 사람은 아무도 없다. 공기는 소유나 사유의 개념이 없는 자유재自由財다. 누구에게도 니코틴과 타르가 섞인 공기를 마시게 할 권리는 없다. 흡연 습관을 버리는 용단을 내릴 때다. 김유신도 나쁜 습관에 길든 애마의 목을 쳤다.

술酒의 전성全盛

고난에 처한 노아가 방주로 아라라트산에 이를 수 있었던 것은 신에게 포도주를 올리고 받은 계시에 따른 것이다. 술이 괴로움을 달래주고 신의 음성을 들을 수 있는 신성한 수단인 것이다. 그리스 신화에 나오는 박카스 신도 생명과 풍요를 관장하는 신이다. 술을 마셔야 자신의 속내 진실을 말하며 풍요로울 수 있다고 그리스인들은 믿는다. '취중 진정발醉中 眞情發(In Vino Veritas)'의 원조라 하겠다. 이처럼 술은 사람에게는 없는 신묘한 능력이 있다.

고주몽의 설화에도 술이 등장한다. 하늘에서 지상에 내려온 해모수는 연못가에서 물의 신 하백河伯의 예쁜 세 딸을 만나는데, 여인들의 환심을 사려고 술을 권했더니 맏딸 유화柳花가 취하여 수궁으로 돌아갈 생각을 깜박하고 말았다. 해모수와 사랑에 빠진 그녀는 열 달 후에 커다란 알 하나를 낳는데, 그 알에서 나온 이가 주몽이고, 고구려를 건국한 동명 성왕이다(삼국사기). 이처럼 누구를 혹하게 할 때 술을 곁들였던 것을 보면 예나 지금이나 술맛은 변함이 없었던 모양이다.

 탈무드에서 술은 술꾼에게 무척 교훈적이다. 태초의 인간이 포도나무를 심고 있는데 악마가 찾아와 무슨 나무냐고 묻기에 "아주 맛있는 열매가 열리는데, 그 국물을 마시면 행복하게 된다."고 하였다. 이에 악마는 동업자로 끼워달라고 하면서 네 마리의 짐승, 양, 사자, 원숭이, 돼지를 데리고 와서 이들의 피를 포도나무 거름으로 썼단다. 그래서 술을 처음 마셨을 때는 양처럼 순하고, 더 마시면 사자처럼 사나워지고, 더 마시면 원숭이처럼 춤을 추고, 또 더 마시면 토하며 돼지처럼 뒹굴게 된다. 술이 처음에는 약이지만 지나치면 독이 된다는 경고다.

 술의 탄생은 원숭이가 가져다가 나뭇가지 사이에 숨겨놓은 나무 열매에서 자연 발효된 알코올에 착안했다는 설이 있다. 그 역사는 자그마치 4천 년을 훨씬 넘는다. 수렵 시대의 자연 나무 열매에서 농경시대의 곡식으로 술의 재료가 다양하게 되면서 지금의 술 전성기에 이르렀다. 인간이 만든 술을 인간이 마시고 행복하게 되는 것이려면 양의 피로만 자란 포도로 빚으면 좋겠지만, 네 짐승 모두의 피를 한꺼번에 거름으로 썼으니 어쩌랴. 시작은 사람이 술을 마시고, 더 마시면 술이 술을 마시고, 또 더 마시면 술이 사람을 마셔버린다고들 말한다. 사람이 술 마시는 경계를 지키지 못하는 것은 인간이 신이 아니어서 일 것이다.

 오랫동안 함께했던 사람 중에는 음주를 하는 쪽이 아니 하는 쪽보다 훨씬 많다. 또 술을 하는 쪽이 더 열정적인듯 하였지만 정도가 넘쳐서 실수했던 사람도 있다. 그래서 나는 음주 예찬도 비난도 할 수 없는 처지가 되었다. 돼지 술을 마시고 돼지 행세를 할 바에는 아예 세상에서 술을 모두 치워버렸으면 좋으련만, 그러지 못하는 것은 양의 술을 마시고 행복해하는 사람도 있기 때문일 것이다. 매사는 과유불급過猶不及이다. 비소砒素는 극약이라서 사람의 목숨을 빼앗을 수도 있다. 하지만 적당량은 꺼져가는 생명을 구하는 명약이 된다. 술의 전성기를 더 오래 유지하려면 양의 술이 되도록 경계를 지키는 지혜가 필요하다. 탈무드의 악마가 양만 데리고 나타났으면 얼마나 좋았으랴. 지금에라도 양의 피로만 자라는 포도 종자 개발을 시도해보면 어떨까.

구두가 웃는다

　　　　　　　　공간이 협소하여 헌 신발들을 '정리'하려고 신발장 문을 연다. 비록 낡은 것이라 해도 좀처럼 버리지를 못한다. 열어보고, 망설이고, 이리저리 옮겨보고, 다시 문을 닫고, 다음으로 미룬 일이 여러 번이다. 내 구두는 버리기를 주저하면서 다른 가족들의 것만 정리하려 했다가 핀잔만 들을 뿐, 영 진척을 보지 못한다. 서너 켤레의 그런 내 신발 중에는 25여 년 전의 여름용 구두 한 켤레가 있다. 나이에서나 낡은 순서대로라면 그놈이 처분 대상의 제1순위가 되어야 한다. 그렇지만 워낙 애착이 가다 보니 그걸 두고 다른 것들을 버릴 엄두는 아예 낼 수가 없다. 우리집 신발장은 늘 콩나물시루다.

　지난여름 터줏대감을 신고 모임에 나갔다. 친구 하나가 내 신발에 시선을 두고 구두 나이를 묻기에 얼버무렸다. 그만큼 볼품이 없다는 핀잔이었다. 뭉뚝한 코, 퍼져버린 볼, 삐딱하게 닳은 뒷굽, 어디 하나 그럴듯한 데가 없으니 눈총을 살만하기는 하였다. 겉모양이 어떻건 발이 편하기로 말하면 그것보다 나은 것이 없고 크게 나무랄 데도 없어서 두고두고 더 신을 참인데, 누가 이 사정을 알아주기나 하겠나. 사람 보고 반기면 되지, 왜 구두 보고 딴죽을 거는지 모르겠다.

　사람은 육신을 안전하게 보호하려는 본능이 있다. '중노동'하는 발의 안전을 위해 신발은 고안되었을 것이다. 나뭇잎이나 짐승 털로 몸을 가릴 때부터 신발도 함께 만들어 신었을 것이다. 1만 2천 년 전에 베링 해를 건너가 아메리카 대륙에 정착한 아시아인의 시신에서 '모카신'이라는 노루 가죽신을 신었던 흔적이 발견되었다. 알프스에서 발견된 오천삼백 년 전의 미라에서도 가죽 신발이 확인된 것도 발의 안전을 보호한 증거가 될 것이다. 패션이라는 게 없었을 때이니 발 보호 하나가 기능이었을 테다. 다양한 모양의 온갖 최신형 구두도 모두 선대의 '짐승 가죽'에서 벗어나지 못한다. 모양이 다르다고 뽐내 봤자 모두가 한 조상 거기가 거기다.

　신발이 본래의 기능 말고 사회계급이나 권위를 상징하는 기능을 한 일이 있기는 하다. 로마에서는 황제 이외에 황금색 샌들을 신으면 처벌하고 노예는 아예 신발을 못 신게 했던 때가 있었다. 절대 왕정의 절정에 있던 중세 말 프랑스의 루이 14세 왕은 위엄을 보이기 위해 너 치(약 12cm) 높이의 위장 하이힐로 단신을 보완하려 했다. 옛 스파르타 병사들이 부상 병사의 피를 감추기 위해 붉은 가죽 부츠를 신었다거나, 나폴레옹이 부츠를 즐겼던 것은 신발이 전사들의 위장 병기로도 이용되었다는 증거다. 요즘의 '명품 구두'라는 물건은 부를 과시하는 사치의 상징이 되기도 해서 신발 기능의 진화가 어디까지 갈지 아무도 모른다.

　발을 보호해야 할 신발이 오히려 발을 괴롭힌 역사도 있다. 발이 크면 진성 여인이 아니라고 하여 어린 아기의 발가락을 꼬부리고 묶어 자라지 못하게 한 일이다. 발을 정해진 신발에 억지로 맞추었던 중국 역사가 그것이다. 오늘날 여성 하이힐의 드높은 뒷굽은 치솟는 '욕망'과 미를 향한 '발돋움'의 표현이라고 한다. 송곳 뒷굽에 온 체중을 실어 발을 혹사하니 발의 안녕을 걱정하는 이도 많다. 사람은 한평생 십만 오천 킬로미터 이상을 걷는다고 한다. 끝없이 걷는 여정의 발이 수난을 겪고 있으니 발의 팔자는 참으로 기구하다. 발가락을 꼬붑치고, 송곳 끝에 체중을 싣고, '욕망'이네, '발돋움'이네, 신발이 발을 괴롭히는 흉물로 진화하고 있으니 본디의 옛것에 애착이 가는 것은 어쩔 수 없는 향수 아니겠는가.

　지금 남성들이 신고 있는 구두는 모두 19세기 후반에 영국에서 개발한 '옥스퍼드 형'에서 유래한다. 나의 낡은 여름 구두에 편잔을 주었던 그 친구의 최신형 구두도 거기가 본향이다. 거슬러 올라가 보면 모두가 한 조상, '모카신'의 후예다. 첨벙 길에 부르트고 뙤약볕에 볶여서 모양이 좀 틀어졌다 한들 그게 다 주인이 저지른 일이다. '처분' 대상의 여름 구두가 신발장에서 비시시 웃는다. 이번 여름이 오기 전에 수선집에 가서 뒷굽을 바꿔 대고 느슨해진 실밥을 조여서 발이 불편을 느낄 때까지는 더 신어줘야겠다. 오랠수록 묻은 정이 두텁고, 그래서 미련도 깊은가 보다.

임금님의 겸손

　　신라 헌안왕이 화랑 준겸憲兼을 불러 물었다. "산천을 돌며 수련할 때 기억에 남는 일이 무엇이더냐?" 랑이 대답하기를 "아름다운 일을 하는 세 사람을 보았나이다. 첫째는 윗자리에 있을 만한 사람이 겸손하여 남의 밑에 앉아 있는 사람이요, 둘째는 부자이면서도 검소하게 의복을 입고 있는 사람이요, 셋째는 높은 세력가이면서도 위엄을 감추고 있는 사람이었나이다." 하였다. 왕은 랑의 사람됨에 크게 기뻐하며 두 공주 중 하나를 아내로 삼게 하고 왕위를 물려주니 그가 곧 48대 경문왕이다(삼국유사). 겸손을 아름답게 봤던 랑도 별이지만 그를 후왕으로까지 발탁한 임금의 지혜는 태양이다. 겸손은 양보와 한 몸이어서 겸양의 터에는 갈등이 자리할 수 없다.

　사람마다 때, 장소, 그리고 능력에 따라 합당한 일이 따로 있게 마련이다. 그게 본분이고 격이다. 겸양의 도리를 지키어 격에 맞지 않은 자리는 스스로 피하여 양보하면 모두가 편하다. 본분 아닌 일을 맡거나 격에 맞지 않는 자리에 앉아 있으면 훔친 의관을 하고 거꾸로 추는 춤 꼴이어서 보는 이에게는 고통이다. 스승이 제자를 폭행하는 병은 격에 맞지 않은 자리에서 나온 춤이고, 자기 능력에 넘치는 자리를 탐하는 사이비 공직자의 몽유병은 본분 망각의 깨춤이다. 이런 류의 카오스 춤이 별과 태양을 가려버리면 세상은 온통 규칙 없는 경기장의 난장판이 된다. 본분은 지키는 것만으로도 평화로울 수 있지만, 오히려 낮은 데로 내려서는 겸손은 세상을 더욱 복되게 한다. 겸양이 미덕인 까닭이다.

공직 사회는 단위 사회 중에 공용이다. 그중에서도 최고위직 대우를 해주는 선량들의 사회가 의회다. 삼백의 입이 오천만 국민을 주인이라고 떠들어 대지만 언제나 속 빈 양철통이다. 공직 후보자 인사 청문회 하나만 봐도, 겸양 몰수의 경연장일 뿐 누가 누구를 검증한다는 건지 분간이 안 된다. 이런 겸양 몰수의 난장판을 보고 민초들이 하는 말이 있다. '그네들끼리 짜고 벌이는 노름판'이라고. 이 소리가 얼마나 깊은 한을 품었는지 알아듣는 '대인大人'은 아무도 없다. 들은 척하다가도 돌아서면 언제 그랬냐 하니 정상배政商輩는 국민을 3초 동안만 기억하는 참새 머리로 아는가 보다. 우리의 겸양 사회가 매우 안녕하지 못한 진원지가 여기인지도 모른다. 젊은이들이 따라 배우지 않을는지 내일은 더 안개 속이다.

길에 나온 자동차 행렬은 마치 병정개미들의 돌격대와도 같다. 어느 날 광폭 길 운전에서 저만치 우측의 좁은 길로 빠져나가려고 한 눈 윙

크를 하고 차선 변경을 시도했다. 치닫는 개미들은 먹잇감 다투는 이리떼처럼 결단코 기회를 주지 아니한다. 속도를 줄이며 노심초사하지만 어림도 없다. 분기점의 신호등 가까이에서도 모든 개미가 서는 듯 가는 듯 하면서도 길머리는 절대로 안 내놓는다. 두 눈까지 껌벅이며 차선 양보를 애원했더니 젊은 개미 하나가 느닷없이 차에서 뛰어내려 유리창을 거칠게 두드린다. "이 ×××야! 왜 진로를 방해해!" 문명국 사람들은 차선 양보를 임의가 아니라 의무라고 생각한다.

'군주는 배이고 백성은 강인데, 군주가 백성을 섬기지 않으면 성난 강물이 배를 삼켜버릴 수 있다君舟臣水-荀子' 왕좌도 고대광실 안에서 교만 떨지 말고 백성의 발아래에 내려 있어야 한다. 윗물이 맑아야 아랫물도 맑다. 백성들이 우러러봤을 헌안왕 지혜의 빛이 저잣거리의 뒷골목에까지 비쳤으리라는 상상은 감동을 넘어 전율이다. 이 세상 모두가 저만 잘난 양, 본분 망각의 망나니로 나대지만 겸양 회초리 드는 이 아무도 없다. 바라보고 듣는 눈과 귀에 쌓이고 쌓인 때를 강물에 씻어 버리려 해도 백석창파白石滄波가 흐려질까 두렵다. 교만의 먹구름에 숨차하는 겸양 태산을 구해낼 황금시간이 지나가고 있다. (2020년 어느날)

콜럼버스의 고독孤獨

　　　　　　아메리카 대륙을 발견한 콜럼버스는 성인 반열이 아니었어도 동상으로 제작된 그의 관棺은 성당 안에 있다. 스페인의 고도 세비야에 있는 세비야 대성당 안이 관의 주소다. 땅속이나 석실에 묻혀있지 않고 네 임금의 어깨에 메여 공중에 떠 있는 관이어서 또한 별스럽다. 세세사를 바꾼 산업 혁명보다 더 큰 일이라 할 만큼 그의 신대륙 발견은 대단한 위업이다. 관 앞은 세계인의 발길로 연중 북새통이다. 몇 해 전 5월의 어느 날, 군중에 떠밀리듯 이 관 앞에 서게 된 나는 깊은 상념에 잠겨 발을 떼지 못했다. 관 속에서 잠자는 520여 년 전의 대업이 고독을 업고 나와 발목을 잡고 놓아주지 않았다.

　세계 3대 대성당 중의 하나라는 대성당, 그 성당의 회랑에 매달려 있는 관은 그저 엄숙하기만 하여 관 속의 주검이 거인임을 짐작케 한다. 어깨에 메고 있는 앞의 페르난도와 이사벨 두 왕은 지팡이를 꼿꼿이 바닥에 세워 짚고 당당한데, 뒤의 두 왕은 관 뚜껑에 손을 얹고 머리를 숙여 크게 뉘우치는 모습이다. 중세 때는 지금의 포르투갈과 스페인의 이베리아 반도에는 여러 가톨릭 왕국이 병립해 있었기에 임금이 넷이다. 미증유의 일이고 막대한 돈이 드는 대양 탐험을 왕실 지원 없이는 엄두도 낼 수 없었다. 난관 끝에 탐험이 대성공이자 그를 후원했던 임금은 당당했고 반대했던 임금은 후회가 컸을 것이다. 관 속의 망자는 자금 지원을 한다 못 한다 하는 찬반 갈등의 질곡에서 대양의 파고보다 더한 고행이었음이 틀림없다.

  이탈리아에서 태어난 거인은 지중해를 건너와 포르투갈에서 신원 일을 하며 항해 기술을 익혔다. 반도의 서쪽 끝, 걸어서는 더 갈 수 없는 까보다로까 해안 절벽에 서서 수평선 너머의 미지를 그리며 수없이 대양 정복의 꿈을 다짐했을 것이다. 여기저기의 왕실 지원을 구하느라 긴긴 세월 버틴 투지의 끈은 시간이 그를 사랑했기에 지켜졌나 보다. 반대 왕족들에 막혀서 이사벨 여왕을 조현朝見하는 데도 몇 년의 세월이 걸렸다니 그의 고군분투가 눈에 선하다. 반여 년의 사선을 넘는 고투 끝에 신대륙을 거머쥐고 돌아온 범선에 금은보화가 만선이어도 환대는커녕 멸시와 천대만 기다릴 뿐이었다. '죽어서도 스페인 땅을 밟지 않겠다.'는 한 맺힌 유언에 따라 임금들이 허공에 메고 있는 관이지만, 냉대와 따돌림의 고독은 좌대에 내려앉아 탄식으로 서리어 있다.

  지동설의 지식인들이 수없이 종교 재판에서 화형당하던 때다. 창조신이 움직이는 지구를 만들지 않았다고 믿었던 신앙의 눈에는 거인의 탐험 시도가 곧 신에 대한 모독이었을 것이다. 왕권과 신권의 절대 권력 앞에서 대양에 돛을 올리겠다는 시도는 자칫 형장의 이슬이 될 수 있었다. 다행히 그가 개척한 항로로 식민지를 건설하고 막대한 부를 얻어 왕국이 세계 최강의 제국에 올랐으니, 거인 홀대를 크게 뉘우치지 않을 수 없었을 게다. 이룩한 부로 이슬람의 모스크에 황금 제단을 쌓고, 100여 미터의 종탑을 올려 거대 가톨릭 성당으로 꾸몄던 것도 왕국의 번영에서 나온 지 얼마 이었다. 왕이 스스로 상여꾼이 되고 곳곳에 동상을 세워 생전의 냉대를 위무하려 했으니 격세지감도 이만저만이 아니다.

 탐험선의 돛을 올렸던 꽈달키브르 강의 물결은 지금도 유유히 대양의 파고를 뚫고 수평선을 향하고 있다. 식민지 도미니카 총독으로 간 아들도 출발지가 이 강의 황금탑 포구였다. 총독 발탁이 선친 위업의 추인이었겠지만 생전의 푸대접을 상쇄하지는 못했을 것이다. 임지의 산토도밍고 가까이에 유해를 옮겨가서 동상이라도 세워 영혼을 위로하고 싶었던 아들이었다. '말은 다 함이 있지만, 정情은 끝남이 없다' 했다. 비록 시간의 역사가 길게 흘렀지만, 생의 무상과 부자父子 애환의 정은 고고히 시대 장성을 넘어 가슴을 누른다.

 창조는 고독이 어머니다. 없는 길 홀로 걷는 고독의 끄트머리에 창조가 있었다. 무원無援의 고독으로 잉태했던 대양 정복의 외로움 뒤에 신대륙 발견이라는 창조가 기다렸다. 왕국 번영의 위업이 거대했고, 뒤이은 역사 변혁도 지구를 흔들었다. 생전의 위업이 장엄하여 군왕이 상여꾼이 되었지만, 관속의 영혼이 쓸쓸하기란 변함없어 보인다. 분투하여 일군 대업은 고독을 통째로 삼키고 사후에도 동행해야 했나 보다. 뒷날의 사람들이 그를 위인으로 추앙하고 더 우러르는 까닭일 것이다. 들려 있는 관 속에 고독했던 한의 응어리가 더해져 네 임금의 어깨가 힘겨운데, 저 관이 땅바닥에 내려지는 날에야 고독의 한이 풀리려나 보다.

킹 목사의 꿈

1955년, 미국의 앨리베마주 몽고메리에 사는 흑인 여성 재봉사 파크스Rosa Parks는 고단한 몸으로 버스에 올라 백인 전용 좌석에 앉았다는 죄로 14달러의 벌금을 물어야 했다. 이른바 '흑백 인종 분리법*'을 위반한 죄목이다. 이 사건은 인종 차별에 대한 저항 운동의 도화선이 되어 킹Martin Luther King 목사에 이어졌다.

1960년 10월, 흑인 목사 킹은 애틀란타의 한 백화점 식당에서 흑인과 백인이 따로 식사해야 하는 것에 항의하다가 옥에 갇히게 되었다. 교도소에 복역하면서 무죄를 주장하는 목사는 큰 반향을 일으키고, 그가 이끄는 인종차별 철폐 운동은 더욱 맹렬하게 가속되었다. 힘든 투쟁을 이어가던 1968년, 불행하게도 그는 39세의 젊은 나이에 한 백인의 흉탄을 맞고 쓰러졌다. 자유와 평등을 지고至高의 가치로 하는 국가,

---

* 흑백 인종 분리법 : 1876년에 제정된 짐 크로우법(Jim Crow Laws)을 말함. 식당, 화장실, 학교 등 공공장소에서 흑인과 백인을 구분하도록 한 법이다. 1964년 시민권법(Civil Rights Act)이 나오기까지 시행되었다.

민주주의가 가장 앞섰다는 미국에서 흑과 백은 이렇게 한자리에 앉지도 못하게 하고, 밥도 함께 못 먹게 하다가 목숨까지 빼앗아 갔다.

　미국 콜로라도주 덴버의 교외에 있는 콜로라도 주립 대학교에서였다. 구내식당 입구에서 학생들을 안내하는 백인 여성은 누구에게나 밝은 미소로 "굿모닝!" 아침 인사를 건넸다. 하지만 유독 한 동양인에게는 아니었다. 이쪽에서 인사를 보내도 외면하거나 딴전을 부리면서 의도적으로 수인사를 거부하는 거였다. 가는 인사만 있고, 오는 인사가 없다는 건 여간 불쾌한 일이 아니다. '동양인의 언어에 문제가 있어서 못 들은 척하나?' 까닭을 몰라 속을 앓던 사흘 만에 식당 안의 풍경에서 그 이유를 알아내었다. 흑인 학생들은 늘 식당의 구석빼기에 모여 그들끼리만의 식사를 하고 있었다. '인종차별! 저 백인 여자는 황색 동양인을 경멸하고 있구나!' 이미 죽은(1964년 시민권 법 시행으로 폐지된) '흑백 인종 분리법'의 잔영이 살아있는 사람을 깔아뭉개다니! 그의 자존심 심지에 불이 붙고 말았다.

　동양인은 새로운 인사 방법을 작정하였다. 다음 날 아침, 높다란 걸상에 '우아하게' 걸터앉아 있는 백색 뚱보 아줌마의 턱 밑에 바짝 다가섰다. "굿모닝!" 하고 크게 외친 다음 대답이 나올 때까지 식권을 제시하지 않고 버텼다. 아침 수업 시간에 쫓기며 길게 늘어선 뒤의 '백인 양반'들이 있지만 아랑곳할 필요는 없었다. 오히려 다른 허연 얼굴들이 더 많이, 더 오래 지켜볼수록 호재라고 생각했다. 그래도 답례가 없다. 인내심은 이때도 필요했다. 한 번 더 큰소리로 "굿모닝!" 머뭇머뭇 입이

열릴 듯 말듯 하는 순간, 연이어서 "굿모닝~ 매덤!" 존경이 아니라 경멸을 담아 '매덤(마님)'을 덧붙였다. 마지못한 대답이 삐죽이 나왔다. "하이." 얼음장 얼굴의 입에서 나오는 모기가 벌로 되는 데는 여러 날이 걸렸다.

참새(그들이 보기에)가 봉황을 이기려 했으니 작달막한 누런색 이방인을 얼마나 증오했겠나. 말로 주고 되로도 못 받은 손해였을 것이다. 꼬인 창자를 풀려고 늘 식당 한가운데에 보란 듯이 버티고 앉아 일본인, 홍콩인 등 '누렁이'들을 불러모아 떠들썩하게 허연 아줌마를 골려 주었다. 1979년에 있었던 평등 국가 미국 사회의 유색 인종 차별 사례이다. 그것도 아카데믹한 대학의 캠퍼스 안에서다. 비싼 돈 주고 배우러 간 그 동양인은 결코 얻어먹으러 간 식객이 아니었다. 이리 당하고 되갚은 동양인은 겁 없이 장에 나간 촌닭, 나다. 앵글로 색슨이 제깐에 고상한 척하나 그들의 피가 배달의 피보다 우월하다는 증거는 어디에도 없다. 그들은 밥상머리에 시꺼먼 개도 앉혀놓고 밥을 먹더라.

"나에게는 꿈이 있습니다. 언젠가 이 나라가 모든 인간이 평등하게 태어났다는 자명한 진실을 받아들이고, 그 진정한 의미를 신조로 하여 살아가게 되는 날이 오리라는 꿈입니다." 1963년 8월 28일, 워싱턴 D.C.의 링컨기념관 앞에 운집한 20만 시민을 향하여 토해냈던 킹 목사의 명언이다. 그의 이 외침은 미국의 건국 대통령을 기리는 워싱턴 탑을 마주하는 위치의 자리에서 나왔다.

베블런 Veblon 함정 陷穽

'명품' 날개가 거리를 누빈다. 너도나도 이니 '짝퉁'도 덩달아 나섰다. 가방은 물건을 넣어 들고 다니는 도구이고, 시계는 하루 24시간을 보여주는 기구일 뿐이다. 의복은, 신발은 그저 몸을 가리는 수단이니 아무것도 본디의 사람을 바꾸지는 못한다. 무엇 때문에 턱없는 고가의 명품에 매달리고 소용에 넘치는 물건에 지갑을 함부로 열까? 가방 안의 물건을 특별하게 간직하고 시계로 하루 시간을 늘린다면 몰라도 그저 '내가 나다' 보여주기라면 한낱 가면에 지나지 않을 것이다. 인간은 누구나 '자존의 본능'이 있다지만, 천만 원짜리 가방 든 사람이 만 원짜리 가방의 사람보다 아무것도 천 배까지는 아니다.

1970년대에 직장 동료 K는 박봉이 고단하여 사표를 던지고 서울 동대문 시장에서 의류 장사를 시작했다. 팔리지 않던 일만 원짜리 겉옷을 유명 백화점 고급 매장에 걸어놓고 삼십만 원 가격표를 붙였더니 날개 단 듯 팔려서 돈 재미를 크게 봤다고 자랑했다. 무용담의 주인공을 뒤따랐던 다른 동료 S는 그런 '낭보'가 없고 행방이 묘연해졌던 걸 보면 명품 흉내도 비법이 따로 있었던가 보다. 저잣거리 잡화도 왕좌에 등극할 정도로 명품은 지천인데, '공급은 소비를 창조한다.'는 세이의 법칙Say's Law에 적중했던 K의 기고만장도 알고 보니 별것이 아니었다.

중세 때 터무니없는 고비용高費用 소비 행태를 베블런Throstein Bunde Veblon은 유한계급론有閑階級論으로 설명하였다. 값비싼 물건을 소비하는 것은 부富의 증거이므로 명예로운 일로 여긴다는 거다. 유한계급의 부자들은 부를 과시함으로써 사회적 지위가 다른 사람들보다 우월하다는 것을 보여주려는 허세란다. 부자들의 자기 존중 시위이자 보여주기의 '과소비'에 다름 아니다. 비쌀수록 더 잘 팔리는 이 '베블런 효과'는 허세의 계보에서 나왔다. 지금에도 그 허망의 세는 하늘을 찌를 것 같으니 베블런의 발견은 과연 놀라운 일이었다.

유한계급 고비용 소비의 기원은 수렵 시대의 약탈 문화로 더 거슬러 올라간다. 사냥은 자연을 약탈하는 행위다. 맹수를 많이 잡아 올수록 과시되는 전사(?)의 용맹은 당연히 자랑스럽다. 겹겹의 털가죽을 몸에 두른 추장의 거드름은 그래서 잘 어울린다. 명품 소비 심리가 약탈에서 유래한다. 경쟁에서 얻은 성과를 누리는 것은 투쟁에서 얻은 결과이니 패자에게서 빼앗은 거다. 유한족 소비 행태의 기원이 결코 점잖아 보이지는 않는다. 중세 때처럼 유한계급이 노동을 면제받고 무한의 소비 특권을 누리는 것은 적어도 현대 사회에서는 정의가 아니다. 더 비싸고 더 많은 소비, 이런 유의 소비 특권이 정의롭지 않다는 이유는 여러 가지다.

　승자 특권이 정의로우려면 경쟁 규칙이 공정해야 한다. 그러나 경쟁 마당이 꼭 평평하지만은 않으니 문제다. 기울어진 경기장에서 얻어낸 전리품은 떳떳하지 않고, 그걸 누리는 승자가 도덕적 책무를 다하지 않았을 때는 더욱 그렇다. 패자들은 현대판 유한계급의 도덕적 일탈을 너무도 많이 보아 와서 부자들을 별로 존경하지도 않는다. 프랑스의 토마스 피게티Thomas Piketty는 부유층에 대한 더 무거운 과세로 그들의 부를 사회로 돌려주어야 한다고 열을 올렸다. 피게티의 이 주장에 대하여 미국의 빌 게이츠Bill Gates가 기부로 응수했지만, 자발적 기부 문화를 이야기할 만한 사회는 몇 되지도 않는다. 존경할만한 유한족 보기는 가버린 첫사랑 찾기보다 우리는 훨씬 더 어렵다.

　사람이 소비하는 물건에는 늘 고약한 탄소 주머니가 붙어 다닌다. 유한한 부유층의 무한한 소비를 채우기에는 그 주머니가 너무 크다. 소비를 위한 자연 약탈이 지구 행성을 탄소 중독의 중병에 몰아넣고 말았다. 지구촌 허파가 말라 들고 생물의 종이 사라져서 공생의 관계가 무너지고 있는데도 모두는 모르쇠다. 극의 빙하가 녹아 펭귄이 삶터를 잃고 발붙인 육지가 바닷물에 가라앉는 중이다. 베블런의 함정이다.

　공자는 부유할수록 교만하지 말고 예禮를 알아야 한다고 하였다. 자연 속의 인간이 자연에 기대지 않고는 생존할 수 없다. 무분별한 자연 약탈은 공생의 순리에 역행하는 교만이다. 교만을 조금만 덜어내도 인간은 한층 더 완성된 영장에 다가설 수 있을 것이다. 베블런이 다른 말로 부자들의 고비용 소비를 말했더라도 소비 습관을 이리 타박하지는 않을 것이다. 자기 존중이라는 인간 본능을 인정하더라도 지구의 장래가 걸린 문제라면 아무 의미가 없다. 터져 나오는 허세의 물결이 밑 빠진 함정 속으로 줄을 잇는다. 어른들의 이 행렬이 아이들에게도 이어진다면 지구의 장래는 더더욱 걱정이다.

영혼을 다이어트하다

　　　　　　사후의 불멸을 상상해 본다. 영혼 불멸은 종교나 신화의 모티브 이기도 하다. 이집트에는 오시리스Osiris 신화가 전해지고 있는데, 영혼이 불멸하려면 혹독한 심판을 거친다. 마흔두 번의 예비 심사를 거친 망자를 천칭天秤저울(양팔저울) 앞에 놓고, 그의 심장을 저울의 왼팔에, 새의 깃털을 오른팔에 올려놓는다. 저울이 균형을 이루면 불멸이고, 심장 쪽으로 기울어져 떨어지면 괴물에게 잡아 먹혀 소멸한다고 한다. 망자의 시신을 미라로 만들 때 다른 장기는 따로 보관하고 심장만 주검에 남기는데, 심장을 영혼이라 믿기에 영생 심판을 받은 다음 육신과 함께 불멸을 누리게 하려 함이다. 탐욕, 증오, 거짓같이 때 묻은 영혼은 깃털처럼 가벼울 수 없다. 깃털 영혼으로 영생에 들어서면 거기가 곧 천국이고 낙원일 것이다.

　　석가는 아무것에도 의지하지 않고 혼자서 번뇌의 강을 건너려면 무엇에 의지하여 건너야 하느냐고 묻는 제자에게 이렇게 대답했다. "거기에는 아무것도 없다는 생각으로 번뇌를 건너라. 모든 욕망을 버리고 의혹에서 벗어나 집착의 소멸을 밤낮으로 살펴라." 모든 것을 내려놓고 번뇌의 경계를 넘어서면 모든 것이 존재한다. 법정 스님의 무소유 해탈도 곧 깃털 무게의 영혼을 향하는 길일 것이다. 내가 소용하고 넘치는 것은 다른 사람의 몫을 잠시 보관하고 있는 것이므로 모자라는 이웃에게 나누라는 기독교의 박애도 깃털 영혼의 지혜이리라. 주는 것이 얻는 것이고, 비우는 것이 곧 채우는 것이 되는 섭리다.

 우리나라 사법부의 로고가 양팔 저울이다. 법관은 오시리스 신이 깃털 무게를 다는 것처럼 엄정하게 판결한다는 상징이다. 저지른 죄과에 대한 공정한 판단, 곧 정의의 표현이다. 무엇이 법이고 무엇이 양심인지를 말하는 법관의 판정은 깃털의 무게를 다는 저울처럼 공정해야 한다. 법이 지배하는 사회, 곧 민주 사회를 지키는 보루가 사법부의 기능이라고 말하는 이유이다. 법원의 판결을 왈가왈부하는 일이 흔하다. 모든 사람의 영혼이 깃털처럼 가볍지 않다는 증거이다. 오염된 영혼을 가리는 오시리스 신을 법정의 배심원으로 앉혀야 할까 보다.

 공직에서 함께 일했던 후배 하나가 불쑥 찾아오더니 정갈하게 포장한 물건 하나를 내밀었다. 함께하면서 껄끄러운 사이였던 터라 적이 놀랐다. 일 처리에 모험(?)을 불사하는 그는 늘 부뚜막에 둔 아이 같아서 염려의 시야에 묶어둬야 했다. 그가 내민 물건은 공자의 '사무사思無邪'를 음각한 자그마한 현판이었다. 승진 시험을 준비하면서 선배의 충고를 마음에 새겨두었다가 이 현판에 담아 왔노라고 했다. 마음에 그

릇됨이 없이 올발라야 한다는 공자의 이 잠언도 비우고 깃털 영혼이 되라는 의미일 것이다. 책상머리에 현판을 걸어 두고 자주 바라보기는 하는데, 마음 밑바닥에 묻어있는 사기邪氣의 완전한 퇴출은 아직 이라서 후배에게는 체면이 안 선다.

　사랑하는 사람끼리는 서로에게 가진 것 모두를 준다. 가진 것 다 주고 없다면 영혼까지도 줄 수 있어야 한다. 그게 참사랑이다. 모든 것 다 주어버린 빈껍데기의 나는 무슨 의미의 존재일까마는, 주는 순간 그 빈자리에는 사랑이 채워지므로 잃을 것은 없다. 늘 사랑으로 충만했던 사람은 증오나 탐욕, 서슷의 무게를 덜어낼 수 있으니 영혼 무게가 깃털일 수 있을 듯하다. 참사랑을 실천한 영혼은 오시리스의 저울 위에서 춤을 추어도 괜찮을 것이다. 인간 불멸의 길이 멀리 있는 것도 아닌 것 같은데, 사람들은 그걸 먼 하늘의 별로만 생각하는 것은 아닌지.

　사람은 누구든지 유토피아를 꿈꾼다. 영혼을 깃털 무게로 따져서 허락하는 오시리스의 불멸 세계도 이 유토피아이다. 석가의 극락, 예수의 천당, 공자의 도덕 세계도 곧 이상향, 유토피아일 것이다. 비록 깃털 영혼이란 이루기 어려운 지향일지라도 부지런히 씻고, 닦고, 털어내고, 버려서 깃털에 다가가려는 노력은 가능하다. 그것이 곧 꿈으로 다가가는 길일 건데, 희망을 접고 저울만 두려워하고 있을 때가 아니다. 지금 필요한 것은 내 안에 있는 영혼의 다이어트를 시도해보는 일이다.

예술은 수많은 피천득을 요구하지 않을뿐더러 완벽하게 업그레이드된 새로운 인물의 탄생을 기대한다는 것이다. 그와 같은 관점에서 수필가 손경호의 수필은 치밀한 지성과 사유로 직조된 자신만의 세계를 구축하고 있다.

-「작품해설」중에서

작품해설

삶의 철학이 내제되어진 깊은 통찰의 수필

지연희(한국수필가협회 명예이사장)

삶의 철학이 내제되어진
깊은 통찰의 수필

지연희 | 한국수필가협회 명예이사장

작금의 시절을 수필 문학의 전성기라고도 한다. 그만큼 수필 문학에 대한 관심이 확대되었다는 표증이기노 하고 좋은 수필을 쓰는 수필 문학 인구가 증가되었다는 평가이다. 하지만 아직도 여기 문학, 신변잡기쯤으로 아는 사람들도 있어 안타깝다. 사전적 정의로 보면 '붓 가는 대로 형식 없이 쓰는 글'이라 하지만 이는 이미 고전일 뿐이다. 어떤 장르든 예술 장르의 하나라고 하면 창의적 사유와 예술적 비유로 의미를 새롭게 하는 일이다. '한국수필의 미래는 수필가들이 자기 안의 딜레탕트dilettante를 버리는 자리에서 시작된'다고 했다. 한 사람의 피천득은 그 한 사람으로 족하다는 것이다. 예술은 수많은 피천득을 요구하지 않을뿐더러 완벽하게 업그레이드된 새로운 인물의 탄생을 기대하고 있다. 그와 같은 관점에서 수필가 손경호의 수필은 치밀한 지성과 사유로 직조된 자신만의 세계를 구축하고 있다. 2015년 『월간 한국시』 신인상 수필 부문으로 문단에 등단하여 현재 한국문인협회 회원, 『계간문예』 작가회 이사, 계간 『문파』 문학회 회원, 한국문인협회 용인지부 회원으로 활동하고 있는 수필 문단에서 주목받는 수필가이다. 수려한 문장력과 박학다식한 바탕으로 풀어내는 이야기는 정치 문화 사회 경제에 이르기 까지 폭넓은 소재로 독자에게 전하려는 매시지를 명료하게 제시하고 있다. 오늘 세 번째의 작품집으로 상재하는 수필집 『달팽이 집』의 문학적 성과를 높이 기대하게 된다.

　"꺅꺅! 꺅꺅꺅…!" 아침 까치의 극성에 늦잠이 깼다. 무거운 동절기 늦잠 버릇을 버리라고 다그치는 까치들의 성화다. 서로 이웃하며 수다를 떨던 까치 가족들이 첫눈 때 집을 비우더니 이제 돌아왔나 보다. 얼른 창문을 열어젖히고 연인처럼 반겨주었다. 한 쌍의 까치가 창 밑 나뭇가지에 앉았다가 후드득 날아오르더니 마른 풀밭에 내려앉아 깡충깡충 아침 운동을 하잔다. 집 앞 빈터에는 심산에서 옮겨온 적송들이 장승처럼 둘러서 있고, 그 아랫자락에 넉넉한 풀밭이 조성되어있다. 높은 두 솔 꼭대기에 까치들이 집을 지어놓고 분주하게 나들이를 하였다. 고대광실 저택에 널찍한 정원을 둔 그들을 부러워했는데, 겨울 별장에라도 갔다가 봄을 물고 다시 찾아온 모양이다.

　까치는 부자가 되거나 벼슬 등극의 비방을 아는 새다. 마른 나뭇가지로 얼기설기 지은 집이라도 비가 새지 않으며, 출입문도 액운이 있는 방향을 피하여 낸다. 까치집이 있는 나무 밑에 집을 지으면 부자가 된다는 속신俗信도 그냥 만든 헛말은 아니다. 이래저래 까치의 지혜가 까마귀에 뒤지지 않을 거라는 확신을 하게 되었다. 우연히 까치집을 이웃하게 된 운은 꽤 괜찮은 운일 것이라 생각한다. 아직도 저만치의 높은 소나무가 여럿 비어있다. 새끼를 쳐서 집을 더 짓고 까치마을을 이룬다면, 객지에 온 소나무도 덜 쓸쓸해 할 것이다. 내일은 아침 까치와 까치마을 건설을 의논해봐야겠다.

- 수필 「까치」 중에서

내가 고3이고 호숙이 중3일 때다. 크리스마스를 앞둔 어느 날 정성스레 만든 카드 한 장을 호숙에게 건넸다. 나보다는 한 해 후배이고 호숙이네 뒷집인 김태숙에게 전해달라면서다. 호숙은 후끈 더워진 내 얼굴을 멀뚱히 쳐다보더니 "태숙이에게…?" 하면서 반문하는 듯 여운을 남기고 받아갔다. 여고 2년생인 태숙은 초등학교 학예회 때 독창으로 인기를 날렸던 아동이었다. 유난히 깜찍했던 그 아이는 몇 해 만에 청아한 숙녀로 성숙해 있었다. 그녀의 새침데기 모범생 전형은 난공불락의 요새여서 누구도 근접을 불허할 것 같아 밀서 작전을 시도한 것이었다. 보낸 카드는 오랜 염탐과 숙고 뒤에 꺼내 든 우정(?)의 신호이기도 했다. 카드를 받아들고 머뭇거렸던 호숙이 표징에 이 한마디가 더 얹혀 있었던가 보다. '너는 나 아니고 태숙이를 좋아하고 있군!'

시위를 떠난 화살이다. 회신을 기다리는 나는 안절부절못했다. 흘러가 사라질 육성보다는 언제나 남아있을 답신에 더 집착했다. 먼발치이기는 해도 매일 보는 낯이지만 만 리 타향의 연서를 기다리듯 하였다. 낌새라도 살피려 하지만 도무지 함흥차사여서 속으로만 장을 담글 뿐이었다. '호숙이 태숙에게 전하기나 했을까?' '왜 직접 주지 않고 삼자를 거쳐 소문내나며 태숙이 내심 난처해 했을까?' '내게 주지 왜 태숙에게 하고 호숙이 꿀꺽 해버렸을까?' 온갖 상상을 떠올리면서 애간장을 태우는 사이에 성큼 겨울 방학이 오고 그해는 후딱 그냥 지나가 버렸다. 이듬해에 나는 곧 대처에 유학을 떠났고, 어설픈 우정의 신호는 큐피트의 화살이 되지 못했다.

- 수필 「실수失手」 중에서

까치는 한자어로 희작喜鵲·신녀神女라고 불리울 만큼 길조로 인식되고 있다. 수필「까치」는 필자의 특별한 애정이 묻은 예찬이다. 아침에 까치가 울면 반가운 손님이 오신다는 속설은 세기를 뛰어넘어 이어지는 신화 속의 새이다. 삼국유사에는 계림의 동쪽 아진포에서 까치 소리를 듣고 해변가의 노인이 배에 실려 온 궤를 열어 보았더니 잘생긴 사내아기가 있었다는 것이다. 훗날의 탈해왕이 되었다는 석탈해의 신화 또한 까치는 길조의 새임을 인식하게 했다. 이로 인하여 까치는 귀한 인물이나 손님의 출현을 알리는 새로 여겨지게 되었다. 이외에도 까치에 대한 설화는 적지 않다. 까치가 땅을 쪼고 있는 것을 보고 그곳을 파 보았더니 해묵은 벽돌이 나와 이 벽돌을 모아 절을 세우고 작갑사鵲岬寺라 하였다는 설화가 있다. 손경호 수필가의 기억 속에 담긴 어릴 적, 고향마을 실개천의 백양나무 꼭대기 까치집 습격이야기도 까치가 얼마나 모성의 깊이를 지닌 새인가를 증명하고 있다. 알을 까 새끼 키우는 걸 눈여겨 보아온 철부지들이 까치 알을 훔치기로 모의했다. 주동하던 아이가 나무에 오르고 까치집에 근접하자 놀란 까치들이 떼로 짖어대며 경고 비행으로 침입자를 위협하였다한다. 종횡으로 나는 근접 위협에 이어 격렬하게 덤벼들어 아이의 머리를 쪼기에 이르렀다. 알을 훔쳐 먹으려는 구렁이가 까치에 쪼여 죽는 일도 있다는데, 목숨 건 공격에 생명까지 내놓을 만용은 없는 아이여서 까치 알 서리는 포기하고 말았다는 것이다. 까마귀와 까치는 같은 참새 목目에 속하는 새이지만 그 성품은 확연히 다르다고 한다. 사람과 가까이 할 줄 아는 까치는 가슴 따뜻한 품격을 지녔다는 것이다. 까닭에 더 많은 까치들이 까치마을을 조성하여 곁에 이웃할 수 있기를 손 수필가는 기대하고 있다. '우연히 까치집을 이웃하게 된 운은 꽤 괜찮은 운일 것이다. 아직도 저만치의 높은 소나무가 여럿 비어있다. 새끼를 쳐서 까치집을 더 짓고 까치마을을 이룬다면, 객지에 온 소나무도 덜 쓸쓸해 할 것이다. 내일은 아침 까치와 까치마을 건설을 의논해봐야겠다' 는 화자의 까치 사랑의 일례이다. 수필「실수失手」는 학창시절 빗나간 큐피드의 사랑 이야기이다. 한 동네에 살던 두 여학생에게 느끼던 우정과 연정의 미묘한 온도를 분별하지 못한 청춘의 어설픈 관심 때문이었다. 우정인 줄 알았던 호숙의 마음을 헤아리지 못한 청춘은 태숙에게 전하려했던 카드를 부탁하지 말았어야 했다. 어처구니없는 실수로 무참하게 묵살 되어진 '우정'의 신호탄은 평생을 살며 미완의 사랑으로 야기 시키는 결과를 남기고 말았다. 섬세한 여자의 심리를 깨닫지 못한 우매한 사랑(우정) 탓이다. '호숙은 후끈 더워진 내 얼굴을 멀뚱히 쳐다보더니 "태숙이에게…?" 하면서 반문하는 듯 여운을 남기고 받아 갔다.' 마치 '너는 나 아니고 태숙이를 좋아하고 있군!' 가슴을 도려내는 질투의 화신을 유발하고 만 것이다. 이성에 대한 깊은 관심으로 가슴앓이를 했을 청년기 젊음의 아름다움이 묻어나는 이 수필은 반세기가 지나도록 흘려보내는 시간의 흔적 속에서도 기억의 숲으로 끌어내어 조망할 수 있다는 사실이 더 아름다운 울림을 준다.

  전쟁발발 사흘 만에 수도 서울을 빼앗긴 국군은 낙동강 하구에까지 밀려나 국운은 바람 앞의 등잔불이 되어있었다. 유엔의 도움으로 전선이 교착 상태에 빠지자 스탈린은 장기전의 보급로 차단을 걱정했던가 보다. 부관을 보내 전황을 살피게 하고 인천의 상륙작전 성공 가능성은 5,000분의 1이라고 판단했다. 후보지로 예측했던 군산항과 주문진항을 제쳐

두고 인천항을 선택한 것은 맥아더의 성동격서聲東擊西 지혜였다. 공격로의 허리를 자르고 수도 서울을 탈환하여 북진의 발판을 만들었다. 전쟁 완결 전략을 놓고 백악관과 뜻이 맞지 않아 물러난 장군은 상하원 합동 고별 연설회에서 이 마지막 한 마디로 군인의 사명을 말했다. "노병은 죽지 않는다. 다만 사라질 뿐이다." 영원한 군인으로 남고자 했던 장수의 통한이다. 순간이 영원을 결정한다. 미완의 장군 사명이 영원의 시간 속에 살아 면면히 흐르고 있다.

  실종된 참전용사 2만 8천의 원혼이 아직도 영면의 자리를 찾지 못해 허공을 떠돈다. 자유를 지키려다 산화한 숭고한 원혼들이다. 이들의 유해를 찾으려는 강산의 땅에 호미 소리가 속절없이 이어지고 있다. 유월의 산야는 무심한 녹음만 되풀이하는데, 공원에 외로이 서 있는 노병은 아직 죽지도, 사라지지도 못한다. 역사의 시간이 흘러간 뒤에도 장군의 가슴에 품은 전우들도 사라지지 못할 것이다. 보이지 않는다고 사라진 것은 아니다. 미국 버지니아주 장군의 외가 마을, 노폭Norfolk시에 있는 맥아더 기념관에는 그의 생전 유품들이 전시되어 있다. 아끼던 그의 시가 파이프에는 아직도 꺼지지 않는 연기가 회한으로 피어오른다. 노병은 아직 죽지도, 사라지지도 않았다.

– 수필「노병老兵은 죽지 않았다」중에서

만개한 서방 번영의 꽃이 퇴색이나 하는 양 동방이 세계의 중심이 될 것이라고 한 예언이 있다. 동방인의 자화자찬이 아니고 서방의 석학들이 한 말이어서 더 눈길을 끈다. 프랑스의 지성 자크 아탈리Jacques Attali는 한국이 2050년쯤이면 세계의 최강국 대열에 설 것이라고 때와 주연을 콕 찍었다. 침묵하는 동방의 용오름 예언이다. 과연 그렇게 될까? 과학에 근거한 말이라니 허망한 일이 아니기를 믿는다. 기회는 준비된 사람의 것이라고 했다. 빼앗긴 나라를 되찾았을 때나 숱한 국난을 물리쳤을 때 거저 된 때는 한 번도 없었다. 역사 흐름이 변곡점을 지날 때마다 기회를 잡아 이끄는 이가 있어야 했다. 사람들은 그를 영웅이라며 따르고 역사에 기록하였다. 비록 지는 꽃으로 나뒹굴게 되더라도 지금은 피는 꽃의 영웅을 보고 싶다.

　영웅이 꿈인 이에게는 찢긴 난세가 호기일 것이다. 역사의 바다에는 사람이 주역인데, 시대 흐름을 내버려 둘 것이 아니라 '영웅 호'를 이끌 선장이 필요하다. 조류에 부응하면 영웅이 될 것이고, 역행하면 역적이 될 것이다. 자칫 항로를 잘못 짚으면 선무당 굿판에 좌초하고 말 수도 있다. 구경꾼들은 무당의 잡귀신 주문을 알아들을 재주가 없고, 주는 떡만 넙죽 받자니 겨울 하늘처럼 우울할 뿐이다. 너무나 목마른 형편인데, 영웅 길 모르는 얼치기 영웅들만 발에 차인다. 내리막 사자의 길까지 각오한 참 영웅 하나면 족할 것인데, 그런 영웅이 누구인지는 알 수가 없다. 매양 하인의 눈이니 영웅 보는 안목이 모자라나 보다.

- 수필 「하인下人의 영웅英雄」 중에서

뭇 사람들이 6·25 한국전쟁을 이야기 할 때는 인천 상륙작전의 지혜를 발휘한 맥아더 장군을 떠올리곤 한다. 바람 앞의 등불 같았던 대한민국의 명운을 회복시켜준 장본인이기 때문이다. 반 토막의 국권이지만 자유민주주의를 되찾을 수 있었던 전쟁사였다. 1950년 9월 15일 새벽 두 시, 세계 전쟁사에 남는 예지의 인천상륙작전은 맥아더 장군을 영웅으로 추앙하는 전사戰史를 기록했다. 유엔의 16개국에서 보낸 34만 군의 총사령관으로서 전쟁 완결의 뜻을 세우던 장군은 백악관과 뜻이 맞지 않아 물러났다. 장군의 상하원 고별인사는 세기를 이어가며 전세계적으로 회자되고 있다. "노병은 죽지 않는다. 다만 사라질 뿐이다." 전쟁과 평화는 양극성을 지닌다고 했다. 반대되는 주장이나 태도, 존재 등 서로 맞서면서 동시에 상대방을 자기의 존재 조건으로 하는 성질이다. 한반도의 6·25 전쟁사에서 빼어낼 수 없는 인물인 맥아더 장군의 혁혁한 공적을 역사적 지표로 담아낸 수필「노병老兵은 죽지 않았다」는 수십만 명의 유엔군 참전용사들의 안위를 책임져야했던 총사령관으로서 동방의 가난한 나라 대한민국에 미친 영향을 준 엄한 교훈으로 전해주었다. 일찍이 한반도의 역사는 '외침을 구백 육십여 차례 겪은, 그때마다 억척같이 물리쳐서 짓밟히었을지언정 빼앗기지는 않았다. 수와 당을 물리친 을지문덕과 연개소문을 명장으로 추앙하고 왜를 수장시킨 이순신을 영웅으로 받드는 것은 전승 장수였기에 그런다. 종족의 소멸이 허다하였거늘, 그 영웅들이 패전하여 나라를 빼앗겼다면 어찌 되었을까?' 생각만 해도 아찔한 수난의 고비를 유유히 넘겨 이룩한 역사의 흐름임을 새삼 되새기게 한다. 수필「하인下人의 영웅英雄」은 헤겔의 명구로부터 발현되고 있다. '하인에게 영웅은 없다.'는 것이다. '영웅이 영웅 아니어서가 아니라 하인이 하인이기 때문'이라는 주석으로 보면 늘 영웅 가까이 있는 하인의 눈에는 주인의 결점을 잘 알고 있는 까닭이라는 것이다. 더없이 유치한 영웅의 결점은 영웅으로 보일 수 없다는 것이다. 이는 무결점의 영웅호걸이 없다는 말과 같다. 손경호 수필이 언급하고 있듯이 '인간은 결코 완전하지 못하다. 신도 완전한 신은 없다고 한다.'는 이 불안전한 존재들의 존재하는 이유는 결국 '완전한 정점'에 이르기 위한 노력의 기우일 뿐임을 시사하고 있다. 제 아무리 큰 업적을 남긴 사람일 지라도 '흠을 덧씌워 억지로 지우려 한다면 아무도 영웅일 수 없다'는 것이다. 손경호 수필의 일관된 호흡은 대부분의 수필에서 드러나듯이 지성적 사고와 체험의 지식으로 압도하는 유려한 언술이다. 더하여 확고한 주제의식을 토대로 전개하는 문장의 집합이다. 한 편의 수필에서 무엇을 말하려 하는지 선명한 문장의 테크닉을 보여준다. '흠투성이라 하더라도 우러러볼 영웅 하나만 있으면 시대와 역사를 바꾸어 놓을 수 있을 것이다.'는 난세에 기대하는 영웅의 출현을 손 수필가는 기다리고 있다. '영웅이 꿈인 이에게는 찢긴 난세가 호기일 것이다. 역사의 바다에는 사람이 주역인데, 시대 흐름을 내버려 둘 것이 아니라 '영웅 호'를 이끌 선장이 필요하다. 조류에 부응하면 영웅이 될 것이고, 역행하면 역적이 될 것이다. 자칫 항로를 잘 못 짚으면 선무당 굿판에 좌초하고 말 수도 있다.'는 우려이다. '조선의 남이장군' '노량해전의 이순신' '나폴레옹' 까지 이들 모두는 영웅이었다. 그러나 그들의 말로는 순탄하지 않았다. 그럼에도 난세에는 영웅을 필요로 한다. '역사 흐름이 변곡점을 지날 때마다 기회를 잡아 이끄는 이가 있어야 했다.'는 것이다. '비록 지는 꽃으로 나뒹굴게 되더라도 지금은 피는 꽃의 영웅'을 그리워하고 있다. 아름다운 영웅의 도래가 절실한 기다림이다.

    태아胎兒는 자궁을 우주로 하고 탯줄로 전해지는 엄마의 심장박동과 숨결을 들으면서 자란다. 태어난 아기는 강보에 싸여 엄마 품에서 젖꼭지를 물고 뱃속에서 들었던 엄마를 확인하며 세상을 배운다. 강보의 아기는 업혀서도 엄마의 체온을 느끼며 어깨너머의 세상일을 일일이 기억 속에 저장한다. 태아와 엄마 사이에 자궁과 탯줄이 있듯, 태어난 아기와 엄마 사이엔 강보가 있다. 강보는 유소년을 거쳐 어른으로 가는 가교 일을 한다. 아기는 엄마를, 엄마는 아기를, 서로 듣고 보고 느끼는 청진기의 일을 강보가 하는 것이다. 청진기가 없는 의사는 환자를 앞에 놓고 무척 답답해할 것이다.

　인수人獸 불문하고 성장과 생존을 이어주는 일은 본능이자 의무이다. 새끼는 어미와 부대끼면서 그 본능과 의무를 은연중에 물려받는다. 견학과 실전을 통해 이루어지는 전수 과정은 과학적이고 신비롭기까지 하다. 사람의 육아와 양육 방식이나 새끼 시기의 사냥 기술 습득이 모두 그렇다. 전래하는 방식과 기술을 함부로 바꾸는 일은 과학을 거부하는 일일 수 있어 난관을 맞게 될지도 모른다. 사자의 삶을 바꾸는 일은 백수의 윗자리를 내놓는 일일 수 있고, 사람이 포대기의 과학을 거스르는 것은 영장靈長의 지체遲滯를 불러올지도 모른다. 엄마의 자궁 속이 우주과학이라면 강보의 신비는 과학, 그 이상이다.

- 수필 「강보襁褓의 과학」 중에서

　어릴 적 시골의 나지막한 토담은 호박 넝쿨이 발발 기어오르고 참새와 제비들이 옹기종기 모이는 놀이터였다. 나다니는 이웃들이 집 안을 들여다볼 수도 있고, 집 안에서도 바깥을 내다볼 수 있도록 담장은 적당히 높았다. 양지쪽에 개구쟁이들이 소꿉장난할 때 우체부 아저씨는 사립문 대신 담장 너머로 편지를 건네주고 갔다. 옆집의 별식이 오가고, 앞집에서 꾸어온 돈도 담장 너머로 주고받는 무상 통로였다. 빗물 흘려보내고 강아지 드나드는 모퉁이의 개구멍은 그 옛날 개구멍받이 전설도 서려 있었다. 담장이 경계의 표식이지만 금지가 아니라 공유의 통로였으니, 지금의 철벽같은 분리 담장과는 족보의 갈래가 다르다.

　인간 욕망의 시작과 끝은 아무도 모른다. 고고성을 터뜨리며 태어나는 아기는 두 주먹을 불끈 쥐고 나온다. 잉태 순간에 주어진 우주를 내놓지 않겠다는 각오이자 생의 출발선에 선 주자의 포부일 것이다. 끝 모르는 욕망이 손안의 토담으로는 부족이어서 요지부동의 철벽을 쌓아 올려 전유專有를 노리려 한다. 벽은 끝내 광대무변의 바깥세상을 가로막고 스스로 이카로스 새가 될 위험에 빠트렸다. 출생 때 각오하고 일생 분투하며 바벨탑을 쌓지만, 빈손 놓고 눈 감을 때에야 비로소 무모와 공허를 깨닫는다. 혼자서만 지배하려 했던 우주 욕망의 허상을 생의 끝에 가서야 보게 될 것이다. 다람쥐가 도토리밭에서 턱밑에 감춘 도토리에만 만족해도 족제비에게 잡아먹히지는 않을 것이다.

- 수필「담장」중에서

경제발전의 급격한 변화에 발맞추어 생활 패턴이 편리를 좇아 편승하게 되면서 불행하게도 버려서는 안 될 고유의 전통이나 관습들이 변형되거나 사라지는 계기를 맞이했다. 그 중 하나가 강보에 아기를 업고 있는 모습을 좀처럼 발견하지 못하는 일이다. 어느 시간의 틈을 열고 사라진 것일지. 포근히 엄마의 등에 묻혀 쌔근거리는 아기의 모습은 평화롭기 그지없다. 엄마의 등줄기 체온으로부터 전이된 모성이 세상에 없는 평안으로 감싸 안은 그림은 오늘 손경호 수필이 피력하려는 요지이다. 자궁 속에서 길들여진 엄마의 숨결을 아기는 등에 업혀 기억하고 있다. 그 기억의 따뜻한 온기로 아기는 천사가 되어 잠이 든다. 이 온전한 신뢰를 인식하는 과정이 강보로 연결하는 엄마와 아기를 묶는 끈이다. '아기는 엄마를, 엄마는 아기를, 서로 듣고 보고 느끼는 가운데 성장한다고 했다. 이 긴밀한 소통의 다리는 강보라는 청진기를 통하여 이루어진다는 것이다. 아이에게 전달되는 심리적 안위는 엄마의 심장 소리나 따뜻한 숨결에서 비롯되고 있다. 그럼에도 요즘의 아기들은 강보에 싸여 엄마 등에 업히거나 엄마의 가슴에 손을 얹고 젖을 먹기가 쉽지 않다. 모유보다 분유를 선호하는 까닭이다. 수필「강보襁褓의 과학」은 유아에게 미치는 강보의 정서가 얼마나 마땅한 교감인지를 짚어내고 있다. 강보는 아기를 가르치고 엄마를 배우며 세상을 익히는 과학임에 틀림없다고 한다. 엄마와 아기의 풍부한 스킨십은 태중에서 듣던 엄마의 심장소리나 숨결을 듣는 통로라는 것이다. 그럼으로 '서양에서 전래한 유모차가 편의품 이기는 하지만, 거꾸로 서양 사람들은 옛날 우리의 포대기에 관심이 많다고 한다.' 아이리니가 아닐 수 없다. 엄마의 자궁 속이 우주과학이라면 강보의 신비는 과학, 그 이상이라는 견해이다. 강보가 유아기에 미치는 정서는 평생을 이끌어갈 삶의 길을 아름답게 가꿀 수 있는 바탕이 된다는 의미와 다르지 않다. 아름다운 정서를 유산으로 이어 받은 까닭이다. 사람이나 짐승이나 어미로서 성장과 생존을 이어주는 일은 본능이며 의무인 것이고 새끼는 어미와 부대끼며 그 본능과 의무를 물려받는다는 것은 진리이다. 강보의 신비는 과학 이상의 신비로운 의미임을 이 수필은 면밀히 증언하고 있다. 손경호 수필이 제시하는 보편적인 메시지는 권선징악의 사례이거나 인과응보의 필연한 생활사를 음미하게 한다. 만고불변의 진리를 깨닫게 하는 삶의 철학이 내제되어진 깊은 통찰의 수필이다. 수필「담장」은 둘레를 쌓아 일정한 공간과 공간에 경계를 짓는 일이다. '끝 모르는 욕망이 손안의 토담으로는 부족이어서 요지부동의 철벽을 쌓아 올려 전유專有를 노리려 한다.'는 만용을 부리기 위함이거나 '벽은 끝내 광대무변의 바깥세상을 가로막고 스스로 이카로스 새가 될 위험에 빠트리기'도 한다는 자기모순에 깃들어 무너지고 마는 삶을 비유하고 있다. 물리적 형태의 담장이 아니라 영혼의 뜰에 벽을 만들어 스스로 고립무원에 살고 있는 소통 부재의 안타까움을 이 수필은 민감하게 제시하였다. 삶의 방법은 최선을 다한 노력으로 유유하게 흘러가기 마련이지만 너와 나의 담장을 세워 경계하지 않을 수 없다. 까닭에 출생 때 각오하고 일생 분투하며 바벨탑을 쌓지만, 빈손 놓고 눈 감을 때에야 비로소 무모와 공허를 깨닫게 된다는 일이고 보면 제 아무리 높은 담장을 쌓는 일이라 해도 다 무의한 일임을 체득하게 된다. 일정한 공간과 공간의 경계를 가르는 담장의 안과 밖은 까닭에 벽을 쌓은 사람의 욕망에 비례하게 마련이다. 손경호 수필의 여러 작품을 감상하면서 치밀한 사유의 세계에 빠져들고 있다. 풍부한 지식과 상식의 깊이로 담아내는 언술 때문이다.

 아내는 미성未成의 시누이와 한동안 관계가 덜커덕거렸다. 흔히 있는 시누이와 올케 간의 갈등이겠거니 했지만, 이 병은 치유가 힘 드는 병이라 하니 은근한 걱정이 일었다. 그런데 발병 원인은 의외로 단순했다. 끼니때 밥솥에서 밥을 푸는 순서 때문이었다. 아내는 남편-시모媤母 순인데, 시누이는 그 반대다. 관직에 올라 가정을 꾸리는 대주大主가 선순先順인지, 손위 어른이 선순 인지는 아무 규범에도 명시가 없다. 아내의 사회적 지위와 역할 중시 대 여동생의 장유유서 관습 간의 충돌이다. 한쪽이 다른 한쪽을 배척하면 바로 악법 배척의 논리가 된다. 관습법도 성문법과 똑같이 사회를 규율하는 규범이다. 어느 쪽이 선善이고 어느 쪽이 악惡인가로만 보면 선과 악의 대척이 된다.
 가정, 사회, 국가는 살아 움직이는 유기체라서 항상 가변적이고 지배하는 규범도 영구불변이 아니라 시대에 따라 달라진다. 전통과 관습은 눈에 보이지 않으니 훈육과 체험으로 은연중에 전수되고 성문 법규는 학습으로도 익히게 되어있다. 성장기의 가정 훈육이 강조되는 것은 인격 형성이 주로 이때 이뤄지고 가정생활의 체험으로 자연스레 전수되기 때문이다. 성장한 가정이 다르니 사회를 움직이는 규범을 이해하고 실천하는 방법도 주관에 따라 다를 수밖에 없다. 자기 견해에 반하는 다른 규범을 악으로 배척하려는 뿌리가 여기에 있다.

- 수필「악법惡法」중에서

  울릉도 도동항의 깎아지른 절벽 위에 향나무 하나 꺾어 서 있다. 바위산 절벽에 뿌리를 걸고 매달려 산지 2천 3백여 년이다. 돌 틈에 뿌리를 꽂아 수분과 영양이 부족하니 가지를 뻗기보다는 안으로 향만 농축해 와서 별명이 '석향石香'이다. 벼락에 그을리고 해풍에 꺾인 흔적이 흑룡黑龍을 닮아 위용이 경이롭다. 나무 등치의 인내도 경탄이지만 바위틈의 뿌리 억척이 외경 말고는 할 말을 잊는다. 땅속으로 뻗는 다른 나무의 뿌리와는 달리 옆으로나 위로도 뻗어 바위틈에 발을 꽂고 세월을 버틴다. 섬의 여기저기에서 대양에까지 향 내음을 보내고 있는 다른 향목도 이 노목의 같은 후손일 것이다. 그들은 그나마 바위 절벽은 피해 있어 조금은 낫게 번연蕃衍하고 있는 것 같다.

  뿌리에서 길어 올린 수액이 나무를 키우는 자양분이듯, 문화는 민족을 지탱하고 영혼을 살찌게 한다. 언어, 문자, 전통은 문화의 줄기다. 민족의 나무는 문화 없이는 지탱될 수 없다. 강토를 짓밟았던 일제가 배달 민족의 문화 말살에 혈안이었던 것도 우리 뿌리를 없애고 왜의 뿌리를 가져와 이식하려는 폭압이었다. 배달 민족 뿌리의 힘으로 저항하여 문화를 보존했기에 오늘의 우리 나무가 있다. 바위틈의 향나무나 기암절벽의 노

송이 건재함은 그 뿌리 힘에 근거한다. 지금 우리가 반만년 조상 뿌리로
서 있고 내일의 후손들도 오늘의 우리를 뿌리로 하여 번영을 이을 것이
다. 뿌리의 힘은 위대하고 영원하다.

- 수필 「뿌리」 중에서

    수필 「악법惡法」을 감상하면서 가정이나 사회에 예속된 법의 굴레를 드러다 보았다. 아내가 가장인 남편의 밥을 선 순으로 푸는 일과 시모의 밥을 차 순으로 푸는 일을 놓고 시누이와 올케의 갈등이 한동안 이어졌다는 일이 예사로운 일이 아니어서이다. 끼니 때 밥 푸는 순서가 그토록 예민한 반응으로 대립되는 까닭은 집안의 가장이며 남존여비男尊女卑 사상에 길들여진 세대인 아내의 사고와 여동생의 어머니 공경의 효행이 충돌하는 견해일 것이다. '대주大主가 선순先順인지, 손위 어른이 선순 인지는 아무 규범에도 명시가 없다.'고 한다. 아내가 배려하는 남편의 사회적 지위와 역할 중시 대 여동생의 장유유서 관습 간의 충돌이 어느 한 쪽으로 기울여 지는 일은 가문의 예절에 맡겨야할 일이라고 했다. 까닭에 전통적 자연법에 의하면 '예외 없는 법칙은 없다'고 한 모양이다. 성장한 가정이 다르니 사회를 움직이는 규범을 이해하고 실천하는 방법도 주관에 따라 다를 수밖에 없다는 이 수필의 요지는 자기 견해에 반하는 다른 규범을 악으로 배척하려는 뿌리가 악법의 저주가 될 수 있다고 한다. 관습법도 성문법과 똑같이 사회를 규율하는 규범이므로 어느 쪽이 선善이고 어느 쪽이 악惡인가로만 보면 선과 악의 대척이 된다는 것이다. 올케와 시누이의 대립 또한 적절한 배려가 필요하다는 것이다. 수필 「뿌리」는 깎아지른 절벽 위 향나무 한 그루가 바위산 절벽에 뿌리를 걸고 2천 3백여 년을 지탱하고 있는 경이로운

모습을 조망하고 있다. 바위틈에 뿌리를 내리고 온갖 풍상을 견디었을 나무의 꿋꿋한 생명력에 경탄하지 않을 수 없다. 천년도 아닌 2천 3백여 년이라는 시간을 감히 인간의 의지로는 버티어 낼 수 없는 경지가 아닌가 싶다. 기껏 견디어 낸 한 백년의 삶의 의지만으로도 외경한 생명이 아니겠는지. 뿌리는 생명의 근원이다. 어떤 생명이 오롯하게 강인한 뿌리의 힘으로 몇 천 년을 견디어 낼 수 있을지 우러르게 된다. 성스럽기까지 한 향나무의 생명의 내력이 궁금하다. 뿌리의 근원이 내장하고 있는 유구한 역사의 파노라마는 향나무가 지닌 자존일 것이다. '조상의 뿌리와 기둥이 튼튼해야 후손 가지의 번영이 융성하듯, 뿌리는 곧 역사이고 오늘이자 미래이다. 오늘의 나는 과거의 누구를 뿌리로 하며, 미래의 누구에게 어떤 뿌리가 될 것인지를 생각하면 그믐밤 하늘에 별을 보는 듯 분명해진'다는 손경호 수필은 저 아프리카 흑인 노예의 후손이 자신의 뿌리를 찾아 감행한 과거로의 행적을 밝힌다. 미국의 흑인 작가 알렉스 헤일리는 영화 〈뿌리Roots〉의 원작자이며 아프리카의 오지에 살았던 7대 선조 '쿤타킨테'를 추적한 눈물겨운 이야기는 전 세계적인 스크린 매체로 방영하였다. 납치되어 팔려온 노예 '쿤타킨테'의 뿌리를 확인하려한 집요한 의지는 동족의 뿌리를 찾아 자신의 근원이기도 한 정체성을 확인하는 과정이었다. 나는 누구이며 무엇으로부터 존재되었을까를 위한 자존이었다.

　사랑하는 사람끼리는 서로에게 가진 것 모두를 준다. 가진 것 다 주고 없다면 영혼까지도 줄 수 있어야 한다. 그게 참사랑이다. 모든 것 다 주어버린 빈껍데기의 나는 무슨 의미의 존재일까마는, 주는 순간 그 빈자리에는 사랑이 채워지므로 잃을 것은 없다. 늘 사랑으로 충만했던 사람은 증오나 탐욕, 거짓의 무게를 덜어낼 수 있으니 영혼 무게가 깃털일 수 있을 듯하다. 참사랑을 실천한 영혼은 오시리스의 저울 위에서 춤을 추어도 괜찮을 것이다. 인간 불멸의 길이 멀리 있는 것도 아닌 것 같은데, 사람들은 그걸 먼 하늘의 별로만 생각하는 것은 아닌지.

사람은 누구든지 유토피아를 꿈꾼다. 영혼을 깃털 무게로 따져서 허락하는 오시리스의 불멸 세계도 이 유토피아이다. 석가의 극락, 예수의 천당, 공자의 도덕 세계도 곧 이상향, 유토피아일 것이다. 비록 깃털 영혼이란 이루기 어려운 지향일지라도 부지런히 씻고, 닦고, 털어내고, 버려서 깃털에 다가가려는 노력은 가능하다. 그것이 곧 꿈으로 다가가는 길일 건데, 희망을 접고 저울만 두려워하고 있을 때가 아니다. 지금 필요한 것은 내 안에 있는 영혼의 다이어트를 시도해보는 일이다.

- 수필 「영혼을 다이어트하다」 중에서

영혼이 깃털처럼 가벼워 져야 천국에 들 수 있다고 한다. 불멸의 영생에 드는 과정이다. 그러나 사후 영혼이 불멸하려면 혹독한 심판을 거쳐야 한다는 것이다. '마흔두 번의 예비 심판을 거친 망자를 천칭天秤저울(양팔저울) 앞에 놓고, 그의 심장을 저울의 왼팔에, 새의 깃털을 오른팔에 올려놓는다는 것이다. 저울이 균형을 이루면 불멸이고, 심장 쪽으로 기울어져 떨어지면 괴물에게 잡아 먹혀 소멸된다고 한다.' 온갖 탐욕의 죄, 증오와 거짓의 때가 묻은 영혼은 깃털처럼 가벼워질 수 없어 소멸되고 만다는 이집트의 신화이다. 참선에 든 수도승의 면벽기도가 영혼에 깃든 온갖 사념의 때를 씻는 무상무념의 염원일 것이다. 손수 못질하여 당신의 육신의 무게를 의탁하던 법정스님의 초라한 나무의자는 스님이 세상에 남긴 가난한 삶의 무게이다. 지난한 무소유의 가르침으로 깃털영혼에 이르기 위한 인고의 수련이었을 것이다. '모든 것을 내려놓고 번뇌의 경계를 넘어서면 모든 것이 존재한다.'는 무소유의 해탈은 불멸의 영생에 닿는 일이다. 유한의 세상 삶에서 불멸의 영생인 천국으로 가는 길은 그리 쉽지 않을 것이다. 마흔 두 번의 예비 심판을 거친 망자는 천칭天秤저울 앞에서 영혼(심장)의 무게를 가늠 받아야 한다. 영혼의 무게가 깃털처럼 가볍지 않으면 가 닿을 수 없는 영생불멸의 천국, 바늘구멍보다 작은 천국의 문은 영혼을 다이어트 하지 않으면 진입할 수 없다. 수필 「영혼을 다이어트하다」는 천국의 문을 여는 진리의 해법을 안내하고 있다. 깃털처럼 가벼워지기 위해 최선의 '나'를 가꾸는 일이다. 손경호 수필읽기를 이쯤에서 마무리한다. 지성과 감성이 고루 조화를 이루어 가을 들녘에 싸인 낟가리만큼 수필 문학의 감동이 풍성한 한 권의 수필읽기를 접는다.

달팽이 집

손경호 수필집

달팽이 집

손경호 수필집